Biodiver Cidade

DESAFIOS E OPORTUNIDADES NA GESTÃO DE ÁREAS PROTEGIDAS URBANAS

ERIKA GUIMARÃES & ANGELA PELLIN

Biodiver Cidade

DESAFIOS E OPORTUNIDADES NA GESTÃO DE ÁREAS PROTEGIDAS URBANAS

IPÊ INSTITUTO DE PESQUISAS ECOLÓGICAS

MATRIX

Diretor editorial
Paulo Tadeu

Capa
Monique Schenkels

Diagramação
Alexandre Santiago

Revisão
Adriana Wrege
Silvia Parollo

CIP-BRASIL - CATALOGAÇÃO NA FONTE
SINDICATO NACIONAL DOS EDITORES DE LIVROS, RJ

Guimarãe, Erika
BiodiverCidade / Erika Guimarães, Angela Pellin. - 1. ed. - São Paulo: Matrix, 2015.
200 p. : il. ; 23 cm.

Inclui bibliografia
ISBN 978-85-8230-212-5

1. Meio ambiente. 2. Proteção ambiental. 3. Urbanização - Aspectos ambientais - Brasil. I. Título.

15-25927 CDD: 363.700981
CDU: 504(813.2)

Agradecemos aos técnicos do INEA, da CONDER, da Prefeitura Municipal de Salvador e da Prefeitura Municipal de São Paulo, em especial aos funcionários do Parque Estadual da Pedra Branca, da Reserva Biológica de Guaratiba, do Parque São Bartolomeu e do Parque Natural Municipal Fazenda do Carmo, que somaram conhecimentos e colaboraram intensamente com a elaboração dos planos de manejo dessas áreas protegidas. Agradecemos também aos conselheiros do Parque Estadual da Pedra Branca, Reserva Biológica de Guaratiba e da APA Parque e Fazenda do Carmo, e a todos os moradores e instituições que participaram das oficinas participativas de diagnóstico e planejamento e que contribuíram com informações e sugestões valiosas durante a construção dos documentos. Essas experiências foram fundamentais para auxiliar nas reflexões e proposições apresentadas nesta publicação.

A Sandro Marcelo Scheffler agradecemos a revisão e sugestões que nos auxiliaram a aprimorar o texto desta publicação.

Para Theo, Nina e Estela

"Não tinha as certezas científicas. Mas que aprendera coisas di-menor com a natureza. Aprendeu que as folhas das árvores servem para nos ensinar a cair sem alardes. Disse que fosse ele caracol vegetado sobre pedras, ele iria gostar. Iria certamente aprender o idioma que as rãs falam com as águas e ia conversar com as rãs."

Manoel de Barros

Sumário

Apresentação

A ideia de fazer este livro surgiu a partir da experiência do IPÊ - Instituto de Pesquisas Ecológicas - na elaboração dos planos de manejo de quatro áreas protegidas urbanas: o Parque Estadual da Pedra Branca, a Reserva Biológica Estadual de Guaratiba (ambos no Rio de Janeiro, RJ), o Parque São Bartolomeu, em Salvador, BA, e o Parque Natural Municipal Fazenda do Carmo, em São Paulo, SP. O processo de elaboração desses planos de manejo foi um grande desafio e envolveu uma equipe variada de profissionais.

Todas essas áreas têm, em comum, o seu contexto urbano, o que adiciona novos desafios à sua gestão. Elas estão localizadas em grandes capitais brasileiras, inseridas em regiões sobre as quais avançam o crescimento e a expansão urbana dessas cidades. Esse fato implica um sentido de urgência e, ao mesmo tempo, aponta para a necessidade de se percorrer novos caminhos na busca de soluções para os já conhecidos problemas que orbitam em torno do conjunto das unidades de conservação (UCs) existentes no Brasil, além das novas nuances que são adicionadas em razão do contexto urbano dessas áreas.

A proposta deste livro não é esgotar o assunto, mas, por meio desses estudos de caso, propor uma reflexão sobre o papel das áreas protegidas no contexto das cidades. A seguir será apresentada uma breve descrição do contexto de cada área.

PARQUE ESTADUAL DA PEDRA BRANCA (PEPB)

O PEPB está integralmente localizado na cidade do Rio de Janeiro (**Figura 1**). Ele foi criado pela Lei Estadual nº 2.377 de 28 de junho de 1974 e apresenta uma superfície de 12.393,72 hectares, abrangendo todas as áreas situadas acima da linha da cota de 100 metros do maciço da Pedra Branca e ocupando cerca de 10% do território do município, o que lhe garante o título de maior unidade de conservação (UC) da cidade do Rio de Janeiro. Nele encontra-se também o ponto culminante do município, o pico da Pedra Branca, com 1.024 metros de altitude.

Situado na zona oeste do Rio de Janeiro, o PEPB faz limite com 17 bairros, sendo eles: Jacarepaguá, Taquara, Camorim, Vargem Pequena, Vargem Grande, Recreio dos Bandeirantes, Grumari, Jardim Sulacap, Realengo, Padre Miguel, Bangu, Senador Camará, Santíssimo, Campo Grande, Senador Vasconcelos, Guaratiba e Barra de Guaratiba.

O PEPB constitui uma UC do Grupo de Proteção Integral e faz parte da administração pública do Estado do Rio de Janeiro, estando subordinado à Diretoria de Biodiversidade e Áreas Protegidas (DIBAP), que pertence ao Instituto Estadual do Ambiente (INEA), órgão vinculado à Secretaria de Estado do Ambiente (SEA).

O parque conta com o núcleo Pau da Fome, no qual se concentram as atividades administrativas da UC. Esse núcleo também possui infraestrutura

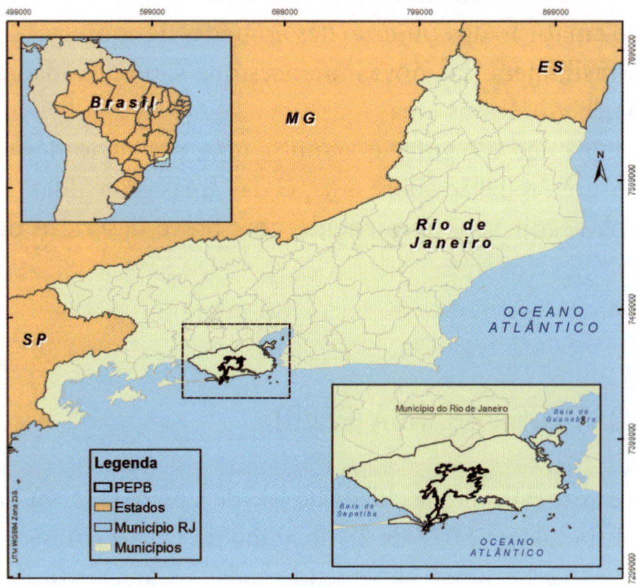

Figura 1. Localização do PEPB no estado e na cidade do Rio de Janeiro. Fonte: INEA, 2012a.

de uso público, com um centro de exposições, um centro de visitantes e um espaço multiúso. Além dele existem ainda dois outros núcleos, o de Piraquara e o do Camorim - nos quais também são realizadas atividades administrativas, de visitação e de fiscalização –, e duas bases avançadas, a de Vargem Grande e a do Rio da Prata, que se destinam à fiscalização. Até o ano de 2012 a equipe do parque era composta de 76 funcionários - destes, 36 eram terceirizados.

As primeiras iniciativas para a proteção do maciço da Pedra Branca estiveram ligadas ao seu potencial hídrico e foram concebidas para preservar os mananciais da região, que ainda hoje contribuem para o abastecimento de parte da população carioca. Assim, em 1908 ocorreu a desapropriação, por parte da União, da área do manancial do Camorim, para o estabelecimento de uma Floresta Protetora da União e para a ampliação do açude e dos sistemas de tratamento e distribuição de água (Costa, 2002). Desde então, outros instrumentos legais foram aplicados à área, até o seu reconhecimento como parque estadual, em 1974.

A cobertura vegetal do maciço da Pedra Branca, assim como toda a Mata Atlântica, sofreu com o processo de ocupação e devastação da região, que teve início no período colonial, com a extração do pau-brasil, e continuou com os sucessivos ciclos econômicos que se seguiram, como o da cana-de-açúcar, do café e da pecuária. As florestas do maciço têm uma importância histórica para a cidade do Rio de Janeiro, uma vez que de lá saíram muitas das mudas que foram utilizadas para o reflorestamento do maciço da Tijuca, que teve início em 1861 por ordem de Dom Pedro II (Costa, 2002).

O PEPB está inserido no domínio da Floresta Ombrófila Densa, sendo composto por Floresta Ombrófila Densa Submontana e Floresta Ombrófila Densa Montana, com sua vegetação apresentando um grande mosaico em diferentes estágios sucessionais. Na UC foi registrada uma biodiversidade expressiva, com um total de 934 espécies de plantas pertencentes a 118 famílias botânicas, sendo muitas delas endêmicas ou ameaçadas. A fauna é caracterizada pela presença de espécies nativas de Mata Atlântica, muitas das quais endêmicas ou ameaçadas de extinção, embora haja o registro também de espécies exóticas. Até o momento, já foram registradas 338 espécies de aves, 51 de mamíferos, 27 de répteis, 20 de anfíbios e 43 de peixes.

O PEPB é reconhecido como uma das maiores florestas em área urbana do mundo e é a maior do Brasil. Ele apresenta um papel central no equilíbrio hídrico e climático local e protege mais de 50% dos remanescentes de Mata Atlântica da cidade do Rio de Janeiro. O parque também abriga inúmeros sítios tombados como patrimônio cultural, que representam registros históricos importantes das relações econômicas estabelecidas entre a floresta e a cidade, e do próprio modo de vida dos moradores do "sertão carioca".

Se os valores dessa área e os benefícios que proporciona a toda a sociedade se destacam, os desafios relacionados à sua proteção e gestão também chamam atenção. O PEPB abriga uma população de cerca de 4.600 pessoas e sofre toda sorte de problemas decorrentes dessa ocupação: impactos causados pela presença de animais domésticos e de criação no interior e no entorno do parque; atividades agropecuárias com uso de insumos agroquímicos sintéticos e manejo inadequado do solo; captações clandestinas de água para abastecimento; supressão da vegetação nativa e substituição por espécies exóticas e invasoras; grande incidência de incêndios florestais e queima não controlada. Adicionalmente, a ocupação imobiliária e a infraestrutura urbana em seu entorno pressionam as bordas da floresta. A presença de inúmeros acessos que avançam os limites da unidade, incluindo estradas que cortam o parque, e a existência das linhas de transmissão também são responsáveis pela sua fragmentação, contribuindo para o isolamento de populações mais sensíveis e efeito de borda.

Apesar de já terem ocorrido outras tentativas de elaboração de um plano de manejo para a UC, o primeiro plano de manejo oficial foi aprovado em 2013 e tem apoiado a sua gestão e o alcance dos seus objetivos de criação. Nesse sentido, o PEPB já fez vários avanços em relação a sua gestão, contando com programas de proteção e fiscalização, uso público, pesquisa, integração com o entorno, entre outros. No entanto, a área ainda carece de muitos investimentos e ampliação dos recursos humanos e financeiros disponíveis para garantir sua adequada implementação.

RESERVA BIOLÓGICA ESTADUAL DE GUARATIBA (RBG)

A Reserva Biológica e Arqueológica de Guaratiba foi criada pelo Decreto Estadual nº 7.549, de 20 de novembro de 1974, com o objetivo de preservar os manguezais e os sambaquis[1] presentes em seu território. Posteriormente, dois novos decretos estaduais alteraram os limites da RBG, um em 1982 e outro em 2002, mas foi em 2010, com a publicação da Lei Estadual nº 5.842, de 3 de dezembro de 2010, que a RBG foi recategorizada, seguindo as categorias preconizadas pela Lei nº 9.985/2000 e passando a ser chamada Reserva Biológica Estadual de Guaratiba. Esse último instrumento legal também redefiniu os limites da reserva, incluindo algumas áreas e desafetando outras, como as áreas de ocupação humana consolidadas, totalizando uma área de 3.360,18 hectares.

A reserva localiza-se no município do Rio de Janeiro, na zona oeste da cidade, no bairro Guaratiba (**Figura 2**). A região de Guaratiba permaneceu como área rural até os anos 1970, passando, depois, a integrar-se como área urbana, representando, hoje, uma das principais fronteiras de expansão do município.

A RBG constitui-se como uma UC do Grupo de Proteção Integral. Ela faz parte da administração pública do Estado do Rio de Janeiro, estando subordinada à Diretoria de Biodiversidade e Áreas Protegidas (DIBAP), que pertence ao Instituto Estadual do Ambiente (INEA), órgão vinculado à Secretaria de Estado do Ambiente (SEA).

Protege um importante remanescente de manguezal na região metropolitana do Rio de Janeiro associada à Baía de Sepetiba. Esse ecossistema apresenta um grande valor ambiental, econômico e social, e oferece inúmeros serviços ambientais, como a manutenção da diversidade biológica, a oferta de pontos de repouso e alimentação para diversas espécies de aves migratórias, a prevenção de inundações, serve como fonte de matéria

---

1 A palavra "sambaqui" é tradicionalmente utilizada para designar "montes artificiais de conchas", que se referem, portanto, aos vestígios dos grupos humanos pré-históricos. De acordo com a descrição de Kneip (1985), sob o ponto de vista morfológico e cultural, Sambaqui pode ser entendido como: "Local de acampamento temporário de comunidades caçadoras, pescadoras e coletadoras, geralmente litorâneas, de forma e dimensão variável, contendo, de acordo com o grau de adaptação ou especialização, quantidades variáveis da fauna de invertebrados e vertebrados, além de vestígios vegetais, e as mais numerosas evidências da atuação humana: artefatos de pedra, osso e concha, cerâmica, sepultamentos, resíduos de carvão, cinzas de fogueiras, matéria corante, entre outros".

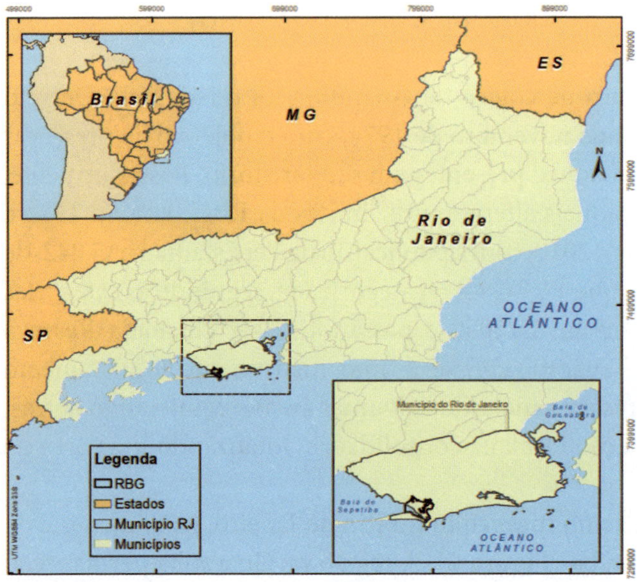

Figura 2. Localização da RBG no estado e na cidade do Rio de Janeiro. Fonte: INEA, 2012b.

orgânica para águas adjacentes, constituindo a base da cadeia trófica de espécies de importância econômica e ecológica, e representa uma fonte de subsistência e alimento para inúmeras comunidades litorâneas, além da sua beleza cênica e seu valor estético e recreacional (Soares et al., 2011). Cabe ressaltar ainda o papel que esse ecossistema tem como estabilizador das terras costeiras e controlador dos processos erosivos, além de servir como filtro de resíduos poluentes, ao reduzir a contaminação dos ambientes costeiros (Schaeffer-Novelli, 1991).

O manguezal da RBG é composto por duas feições principais: as florestas de mangue, que correspondem a cerca de 47% da área da UC, e as planícies hipersalinas ou apicuns, que cobrem cerca de 20% da área da reserva, além de conter áreas úmidas e áreas alteradas em diferentes estágios de regeneração. As florestas de mangue são compostas por *Rhizophora mangle, Avicennia schaueriana* e *Laguncularia racemosa*, e apresentam elevado grau de heterogeneidade estrutural, com grande riqueza de fisionomias vegetais. Além dessas, foram levantadas outras 48 espécies de plantas na área da UC, pertencentes a 21 famílias botânicas, sendo oito delas endêmicas da Mata Atlântica. Na RBG há o registro de 32 espécies de invertebrados, com destaque para duas espécies de importância comercial: os caranguejos *Ucides cordatus* e *Cardisoma guanhumi*, que constam da lista de espécies sobre-exploradas. Quanto aos vertebrados, foram registradas 121 espécies de peixes, 4 de répteis, 168 de aves e 10 de mamíferos.

A RBG também se destaca pela sua importância no contexto histórico e arqueológico, uma vez que ela protege 18 dos 34 sambaquis existentes na planície litorânea, muitos dos quais, inclusive, já foram total ou parcialmente destruídos.

A única infraestrutura presente na UC é a sua sede, que está localizada em área externa aos seus limites, na Estrada da Matriz, bairro de Guaratiba. Até 2012 a RBG contava com 18 funcionários - destes, seis terceirizados.

Um dos principais desafios enfrentados pela RBG é a pesca e a coleta de caranguejos, siris e ostras realizadas em seu interior por famílias de pescadores que vivem em seu entorno e que dependem dessa atividade total ou parcialmente para sua sobrevivência. O turismo de massa que é praticado em seu entorno também requer atenção, em especial durante o verão, quando, com frequência, podem ser avistados turistas utilizando a área da reserva para navegação e para a prática de outros esportes aquáticos. O lançamento de esgotos de casas situadas em áreas limítrofes também se constitui em um grave problema, visto que são despejados diretamente nos rios que drenam a unidade ou em seus afluentes. Todos esses problemas associados ao contexto urbano da unidade, localizada numa região considerada como fronteira para a expansão urbana do município, indicam que a RBG merece atenção para evitar a perda e a alteração do seu território, comprometendo a dinâmica dos manguezais e a manutenção da biodiversidade a eles associada.

PARQUE SÃO BARTOLOMEU (PSB)

O PSB está localizado no noroeste do município de Salvador, na Bacia Hidrográfica do Rio do Cobre, em uma região conhecida como Subúrbio

Ferroviário (**Figura 3**). Ele foi criado a partir da publicação do Decreto Municipal nº 4.590 de 21 de fevereiro de 1974, que declarou de utilidade pública uma área de cerca de 75 hectares, de propriedade da Companhia Progresso e União Fabril da Bahia. Posteriormente, com a publicação do Decreto Municipal nº 4.756 de 13 de março de 1975, o PSB passa a ser classificado como "Área de domínio público não edificável", integrando o Sistema de Áreas Verdes do município de Salvador. Inúmeros outros diplomas legais subsequentes ao Decreto de 1974 foram publicados, causando uma certa confusão quanto ao atual posicionamento jurídico do PSB (que atualmente se configura como um parque urbano), bem como em relação ao seu perímetro.

O parque se constitui como um importante sítio sagrado das religiões de matriz africana do estado e santuário das lutas libertárias do povo baiano. Segundo relatos de seus funcionários, desde a sua criação, o PSB já era reconhecido como local sagrado, frequentado por grupos religiosos

Figura 3. Localização do PSB no estado da Bahia e na cidade de Salvador. Fonte: CONDER, 2013.

para a realização de cultos e oferendas, tanto do município de Salvador como do estado da Bahia e de outros estados do Nordeste brasileiro.

Os principais bairros adjacentes ao PSB ficam na face leste - Mané Dendê, que engloba Plataforma, Ilha Amarela e Rio Sena - e na face oeste, o bairro de Pirajá. Além disso, a área confrontante do PSB (ao norte) é de titularidade da Empresa Baiana de Águas e Saneamento - Embasa -, correspondendo à área da Represa do Cobre. O parque está inserido na Área de Proteção Ambiental (APA) Bacia do Cobre/São Bartolomeu, criada pelo Decreto Estadual nº 7.970, de 5 de junho de 2001, com uma área de 1.134 hectares. Protege o baixo curso do Rio do Cobre, além de nascentes, e abriga um mosaico de fisionomias vegetais associadas à Mata Atlântica, como Floresta Ombrófila Densa, manguezal e áreas de brejo.

O PSB representa um importante elemento da paisagem urbana local. Na região do Subúrbio Ferroviário, a ocupação se deu majoritariamente de maneira espontânea, isto é, sem planejamento urbano, com muitas ocupações irregulares existentes no entorno e inclusive dentro do parque. Disso decorrem inúmeros problemas, como a precária cobertura de serviços essenciais, como abastecimento, saneamento e coleta de lixo, que se refletem nas condições ambientais dentro da área. Como toda floresta urbana, inserida em uma matriz altamente impermeável, o Parque tem sofrido intensa fragmentação e consequente perda de biodiversidade. A falta de saneamento dos bairros do entorno e das casas localizadas em seu interior impacta diretamente os recursos hídricos, as áreas alagáveis e até mesmo algumas nascentes.

O PSB é administrado pelo Departamento de Meio Ambiente, ligado à Prefeitura Municipal de Salvador. Em 2013 ele contava com quatro funcionários: o chefe do parque mais três responsáveis pela limpeza e manutenção da área. No entanto, segundo relatos, na década de 1980 o parque chegou a contar com uma equipe de cerca de 50 funcionários para dar conta do grande fluxo de pessoas que visitavam a área, principalmente para rituais e festejos relacionados às religiões de matriz africana.

Em 2007 a Secretaria de Desenvolvimento Urbano (SEDUR) e a Companhia de Desenvolvimento Urbano do Estado da Bahia (CONDER) começaram a implantação do Projeto de Urbanização do Parque São Bartolomeu, no âmbito do Projeto de Desenvolvimento Integrado em Áreas Urbanas Carentes no Estado da Bahia. Seu foco, como o próprio nome sugere, era promover a urbanização da região do entorno do PSB, bem como de outras áreas na região do Subúrbio Ferroviário de Salvador, contemplando também questões como moradia, educação, cultura e lazer e o combate à violência urbana. Por meio de uma parceria entre o CONDER e a prefeitura, no escopo desse projeto, foi realizada uma série de intervenções dentro do parque, com a construção de novas moradias para remover moradores que viviam dentro da área e em áreas de risco, o cercamento do PSB, a pavimentação de algumas trilhas, a construção de um centro de visitantes e de dois centros de cidadania e cultura (um na região de Rio Sena e outro na região de Pirajá). O plano de manejo do PSB também foi realizado no âmbito desse projeto, e um de seus produtos foi um estudo contendo recomendações para a transição necessária para o reconhecimento do PSB como UC, e ele passaria a ser denominado Parque Natural Municipal São Bartolomeu. O documento também propõe uma série de diretrizes para a implantação de uma gestão efetiva da área, as quais considerem seus objetivos de conservação, proteção, uso público e pesquisa, e que promovam maior integração entre o parque, instituições que atuam na região e os moradores do entorno.

PARQUE NATURAL MUNICIPAL FAZENDA DO CARMO (PNMFC)

O PNMFC está localizado na zona leste do município de São Paulo, inserido na Subprefeitura de Itaquera (**Figura 4**). Foi reconhecido em 2003, por meio do Decreto Municipal nº 43.329 de 12 de junho de 2003, como uma UC do grupo de proteção integral e protege uma área de 462 hectares. Sua gestão está, portanto, a cargo da Secretaria do Verde e do Meio Ambiente, da Prefeitura Municipal de São Paulo.

O parque está situado no interior da Área de Proteção Ambiental (APA) Parque e Fazenda do Carmo (criada pela Lei Estadual n° 6.409, de 5 de abril de 1989) e é contíguo a dois importantes equipamentos culturais da zona leste da cidade, o Parque do Carmo Olavo Egydio Setúbal e o Sesc

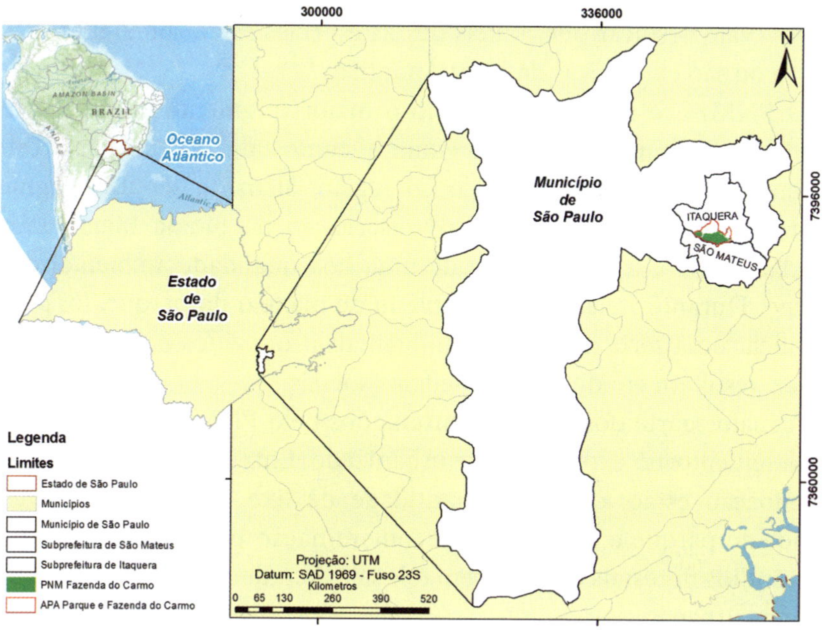

Figura 4. Localização do PNMFC no estado e na cidade de São Paulo. Fonte: Prefeitura de São Paulo, 2014.

Itaquera. Até 2014 a infraestrutura disponível limitava-se a uma casa-sede e quatro postos de fiscalização, além de algumas trilhas utilizadas para fins de fiscalização e pesquisa; sua equipe era composta de 19 funcionários, a maioria deles terceirizada, sobretudo aqueles ligados às atividades de manutenção (jardineiros, encarregado de campo etc.).

A vegetação do PNMFC está inserida no domínio transicional entre Floresta Ombrófila Densa e Floresta Estacional Semidecidual, com maior riqueza de famílias típicas da fachada atlântica, mas permeadas por espécies que caracterizam Floresta Estacional, Cerrado e formações pioneiras (Catharino e Aragaki, 2008). De modo geral, a UC apresenta florestas secundárias, em gradientes sucessionais de estádio médio. Durante os diagnósticos do plano de manejo foram registradas 507 espécies de plantas pertencentes a 81 famílias botânicas e 166 espécies de animais, sendo 148 de aves. Vale destacar que muitas dessas espécies estão sob algum grau de ameaça ou são endêmicas da Mata Atlântica.

O PNMFC é reconhecido como o maior fragmento de vegetação da zona leste do município de São Paulo e, como tal, tem um papel central no equilíbrio hídrico e climático da região, além de ser um fragmento extremamente importante para a conservação do bioma Mata Atlântica na cidade e para a manutenção de uma boa qualidade ambiental do seu entorno. Durante a elaboração do plano de manejo do parque, foi possível identificar uma série de serviços ambientais produzidos pela UC, que, por sua vez, resultam em diversos benefícios sociais.

A maior parte dos desafios enfrentados pelo PNMFC está relacionada com o seu entorno extremamente urbanizado. Entre os aspectos que geram preocupação estão a grande quantidade de lixo e entulho lançado no interior do parque e no entorno, a contaminação por esgoto, a incidência de incêndios florestais que atingem o local, além de questões relacionadas à violência urbana.

Até 2014 as principais atividades desenvolvidas na UC estavam voltadas para sua fiscalização e manejo. O parque não estava oficialmente aberto para visitação com finalidade recreativa ou de educação ambiental, recebendo apenas alguns grupos para visitas técnicas, desde que previamente agendadas. Pesquisadores também eram recebidos ocasionalmente na UC. A partir da elaboração do seu plano de manejo foi fornecida uma série de diretrizes, que já vêm sendo implementadas pela administração da área, para ampliar a proteção do parque e propiciar o alcance dos seus objetivos básicos de criação e gestão.

CAPÍTULO 1
Um breve panorama sobre as áreas protegidas urbanas

1.1 CONTEXTUALIZAÇÃO E CONCEITOS ASSOCIADOS ÀS ÁREAS PROTEGIDAS URBANAS

O crescimento urbano e a migração das populações dos ambientes rurais para as cidades é uma tendência mundial. Segundo as Nações Unidas, em 1950, apenas 30% das pessoas no mundo viviam em cidades. Esse número subiu para 50% em 2007, e as previsões indicam que entre 2010 e 2030 60% da população mundial terá deixado a zona rural e migrado em direção às áreas urbanas (Trzyna, 2014). No Brasil esses dados são ainda mais significativos. Em 1980, cerca de 68% da população brasileira vivia nas cidades e em 2010 esse número subiu para 85% (IBGE, 2014)[2], um percentual ainda maior do que o observado na média mundial. Esse crescente aumento das populações que vivem nas cidades se dá, muitas vezes, sem que haja tempo para um adequado planejamento urbano, refletindo na organização do espaço territorial, saturando e consumindo os recursos ambientais e impactando negativamente o meio ambiente e a qualidade de vida das pessoas.

Algumas consequências desse processo são os graves desafios que as áreas urbanas estão enfrentando em todo o planeta, entre os quais destacam-se: i) carência de recursos naturais (inclusive de água) e degradação ambiental; ii) mudança do clima, manifestada por aumentos no nível do mar, temperaturas mais elevadas, variação na pluviosidade e enchentes, secas, tempestades e ondas de calor mais frequentes e mais severas; iii) mudanças demográficas e sociais associadas à urbanização e ao crescimento populacional, como as tendências contraditórias de aumento da riqueza e do número absoluto de pessoas pobres (Secretariado da Convenção sobre Diversidade Biológica, 2012).

2 Instituto Brasileiro de Geografia e Estatística, IBGE. Disponível em: <http://7a12.ibge.gov.br/vamos--conhecer-o-brasil/nosso-povo/caracteristicas-da-populacao>. Acesso em: 1º de agosto de 2014.

Conforme as cidades crescem, a pressão sobre os remanescentes de vegetação nativa também aumenta. Diante desse cenário, a conservação das florestas urbanas e de outras áreas naturais ganha ainda mais importância, já que elas fornecem serviços ecossistêmicos fundamentais para sustentar a saúde e o bem-estar humano e para promover a qualidade ambiental nas cidades e no seu entorno (Nowak e Walton, 2005). Não se pode desprezar também seu potencial para a conservação da biodiversidade, já que alguns estudos têm revelado que as áreas naturais urbanas podem conter níveis de biodiversidade relativamente altos (Alvey, 2006). Assim, é preciso criar novos espaços para a proteção da natureza no tecido urbano e facilitar o acesso das pessoas a essas áreas. Conectar pessoas e natureza deve ser um imperativo para o movimento que atua em favor da conservação, e as áreas protegidas urbanas apresentam condições ideais para contribuir com essa missão (Trzyna, 2014).

A importância da conservação de áreas naturais em ambientes urbanos tem sido foco de discussões internacionais há muitos anos, o que levou à criação de um grupo de trabalho especificamente voltado para esse tema na Comissão Mundial de Áreas Protegidas (WCPA) da União Internacional para a Conservação da Natureza (IUCN). Esse grupo, criado em 2000 e intitulado "Urban Specialist Group" (Grupo de Especialistas Urbanos), reúne profissionais preocupados com a ausência da dimensão urbana na agenda de conservação ambiental. Em 2014 o grupo lançou uma publicação intitulada "Urban protected areas: profiles and best practices guidelines" ("Áreas protegidas urbanas: perfis e diretrizes para boas práticas"), que propõe uma reflexão interessante sobre as boas práticas observadas a partir da análise de 15 áreas protegidas localizadas em regiões metropolitanas em diversas partes do mundo, incluindo, em sua amostra, duas áreas brasileiras: o Parque Nacional da Tijuca e o Parque Estadual da Serra da Cantareira.

Uma parcela dessas áreas protegidas é apresentada de maneira sintética na **Tabela 1**. Ela dá uma dimensão do desafio que muitas dessas áreas enfrentam, ao mesmo tempo em que evidencia suas características e a importância que elas assumem nos diferentes contextos urbanos em que se inserem.

Tabela 1. Relação de dez áreas protegidas localizadas em meio urbano, em diferentes países do mundo.

	Localização	Área protegida	Contextualização
1	Austrália, Sydney	Parque Nacional Royal	Esse foi o primeiro parque nacional criado na Austrália. Ele protege 16 mil hectares de áreas costeiras e marinhas, na região metropolitana de Sydney. O parque recebe cerca de 4 milhões de visitantes/ano, muitos dos quais visitam a área com frequência graças à infraestrutura de acesso e outras facilidades que a área oferece.
2	Brasil, Rio de Janeiro	Parque Nacional da Tijuca	Protege uma floresta urbana com 3,953 mil hectares que foi restaurada na época do Brasil Império, no coração de uma das cidades mais visitadas do Brasil. O parque abriga o Cristo Redentor, considerado uma das sete maravilhas do mundo, e sua gestão é compartilhada entre o Instituto Chico Mendes de Conservação da Biodiversidade e a Prefeitura Municipal, com apoio de várias outras instituições.
3	Brasil, São Paulo	Parque Estadual da Serra da Cantareira	Possui cerca de 7,9 mil hectares e protege importantes áreas de mananciais da maior metrópole brasileira, integrando a Reserva da Biosfera do Cinturão Verde da Cidade de São Paulo, um complexo de áreas protegidas de 2,3 milhões de hectares.
4	China, Hong Kong	Sistema de Parques Nacionais da região administrativa de Hong Kong	Esse sistema inclui 24 parques terrestres e outras áreas especiais que somam 44,2 mil hectares, além de quatro parques marinhos e uma reserva marinha, que totalizam 2,4 mil hectares. Essas áreas somadas cobrem cerca de 40% do território da região administrativa.
5	China, Taipei, Taiwan	Parque Nacional Yangmingshan	Protege uma área de 11,5 mil hectares em uma região metropolitana que abriga uma população de 8,9 milhões de pessoas. O parque recebe, em média, 4 milhões de visitantes/ano e é notável pelo sólido grupo de voluntários que atua na área.
6	França, Marselha	Parque Nacional das Calanques	Criado em 2012, esse parque protege 43,5 mil hectares do Mar Mediterrâneo, incluindo ilhas, e mais 8,5 mil hectares de áreas continentais, com florestas e uma caverna com pinturas rupestres de 27 mil anos. Ele está inserido na segunda maior cidade da França, com uma população metropolitana de 1,5 milhão de pessoas.
7	Índia, Mumbai	Parque Nacional Sanjay Gandhi	Localizado no subúrbio de Mumbai, numa área de grande pressão urbana, esse parque protege uma área de cerca de 10,4 mil hectares, que abriga uma série de sítios sagrados. Cerca de 61 mil pessoas habitam o local, convivendo com uma grande população de leopardos, o que denota que os conflitos de gestão e manejo desse parque são grandiosos.
8	Quênia, Nairóbi	Parque Nacional Nairóbi	Protege cerca de 11,7 mil hectares de savana com uma incrível biodiversidade, incluindo o rinoceronte-negro, espécie criticamente ameaçada de extinção. Foi criado em 1946 e hoje é pressionado pelo crescimento urbano e industrial do seu entorno.
9	África do Sul, Cidade do Cabo	Parque Nacional Table Mountain	O parque está localizado em uma península e protege uma área de 35 mil hectares, sendo 25 mil de área continental e 10 mil de área marinha. Ele recebe cerca de 4 milhões de visitantes/ano, dos quais em torno de 1 milhão paga entrada, visto que o acesso em muitas áreas é livre.
10	Estados Unidos, Los Angeles	Área Recreacional de Santa Monica	Protege uma área de 63,3 mil hectares (categoria IUCN V), conectando o coração da cidade ao Oceano Pacífico, no segundo maior aglomerado urbano dos Estados Unidos.

Fonte: elaborado a partir de Trzyna (2014).

As primeiras áreas protegidas urbanas estabelecidas no Brasil

A primeira iniciativa para a criação de uma área protegida no Brasil ocorreu em 1876, por sugestão do engenheiro André Rebouças. Inspirado na criação do Parque Nacional de Yellowstone, em 1872, nos Estados Unidos, ele sugeriu a criação de dois parques nacionais no Brasil: um em Sete Quedas e outro na Ilha do Bananal (Medeiros, 2006). Essa proposta, que acabou não se concretizando, abriu espaço para uma ampla discussão e mobilização nos anos seguintes, que contribuiu significativamente para a criação dos primeiros parques nacionais brasileiros (Medeiros, 2006). A primeira área protegida reconhecida oficialmente no Brasil foi o Parque Nacional de Itatiaia, no Rio de Janeiro, criado em 1937. No entanto, os registros históricos indicam que tanto a Coroa portuguesa quanto o governo imperial empreenderam algumas iniciativas destinadas à proteção, à gestão ou ao controle de determinados recursos naturais (Medeiros, 2004, Viana, 2004, Castro, 2002).

No início do século XIX, durante o governo imperial, as florestas do maciço da Tijuca foram sendo tomadas por plantações de café (substituindo os engenhos de açúcar que ali existiam). A intensa atividade agrícola contribuiu para a erosão e degradação do solo, afetando seriamente os principais mananciais e comprometendo o abastecimento de água da então capital do Brasil (MMA, 2008). Em razão disso, novos desmatamentos foram proibidos e muitas terras foram expropriadas (Trzyna, 2014). A desocupação dessas áreas pelo governo imperial começou em 1844, com a decisão inédita e histórica de replantar toda a vegetação local, segundo recomendação de D. Pedro II. Em 1857, o Barão de Bom Retiro, Ministro dos Negócios do Império, iniciou a desapropriação das fazendas devastadas pelas plantações de café, instituindo, em 1861, as "Florestas da Tijuca e das Paineiras", com o objetivo de resguardar os recursos hídricos da região (Drummond, 1997; Barreto-Filho, 2004). No mesmo ano, D. Pedro II nomeou o major Manoel Gomes Archer para a tarefa de recuperação da cobertura vegetal na Tijuca. Archer iniciou, em janeiro do ano seguinte, um árduo trabalho de reflorestamento que durou 13 anos. As primeiras mudas foram trazidas das Paineiras, mas o próprio major trouxe de sua propriedade (Fazenda Independência, em Guaratiba, Rio de Janeiro) e das matas que lhe eram vizinhas inúmeras sementes e mudas. Archer comandou durante os anos de sua administração o plantio de mais de 60 mil árvores de várias espécies, numa área de cerca de 1,6 mil hectares (Abreu, 1957 apud MMA, 2008). A área recuperada passou para a administração da Repartição de Águas como reserva florestal, e em 1874 o Barão d'Escragnolle assumiu os cuidados do local, completando o trabalho iniciado por Archer. Ao fim da administração de d'Escragnolle, em 1887, a Floresta da Tijuca contava com cerca de 90 mil árvores plantadas e havia se transformado em um dos mais agradáveis recantos da cidade do Rio de Janeiro (MMA, 2008).

Com o passar dos anos, a floresta e os processos ecológicos foram restaurados, levando à criação, em 1961, do Parque Nacional do Rio de Janeiro (Decreto Federal nº 50.923/1961), de responsabilidade da União. Em 8 de agosto de 1967 o nome do parque foi alterado para Parque Nacional da Tijuca. Na década de 1980 o parque passou a ser administrado pelo Instituto Brasileiro de Desenvolvimento Florestal (IBDF) e, posteriormente, pelo Instituto Brasileiro de Meio Ambiente e de Recursos Naturais Não Renováveis (Ibama), em 1989, quando foi criado esse órgão. Em 2004 foi publicado um novo decreto federal ampliando o território do Parque Nacional da Tijuca, que atualmente soma uma área de 3,953 mil hectares (MMA, 2008). Com a criação do Instituto Chico Mendes de Conservação da Biodiversidade (ICMBio), em 2007, a área passa a ser de responsabilidade dessa instituição, embora a gestão do parque seja feita, desde 1999, por uma parceria entre o governo federal e a prefeitura do Rio de Janeiro. O Parque da Tijuca é considerado uma das principais áreas protegidas urbanas do Brasil, situado no coração da segunda maior metrópole brasileira.

Outro exemplo de área protegida urbana é o Parque Estadual da Cantareira, em São Paulo. A Serra da Cantareira abriga um grande remanescente de Mata Atlântica da região metropolitana de São Paulo. Desde 1881, os inúmeros mananciais presentes na serra são responsáveis pelo abastecimento de água para a população paulista. A partir de 1890 o governo do estado de São Paulo passou a desapropriar várias fazendas das redondezas da serra com o intuito de preservar e recuperar a mata nativa que estava, aos poucos, sendo desmatada ou substituída por espécies exóticas e plantações como o café, comprometendo a qualidade e oferta de água das inúmeras nascentes ali presentes (*Fundação Florestal, 2009). Essas desapropriações visavam também a realização de obras de captação e distribuição de águas, principalmente para abastecimento da zona norte do município. As terras da Cantareira foram tombadas no fim do século XIX como reserva florestal, para a preservação das fontes de água que abastecem até hoje a cidade de São Paulo. Entre 1962 e 1968 três instrumentos legais foram publicados reconhecendo essa área como parque estadual (Fundação Florestal, 2009). A gestão atual do parque é feita pela Fundação Florestal, autarquia ligada à Secretaria de Meio Ambiente do Estado de São Paulo. Ele integra a Reserva da Biosfera do Cinturão Verde da região metropolitana de São Paulo e segue sendo uma área extremamente importante para a qualidade de vida da maior metrópole brasileira.*

Esses dois exemplos são emblemáticos, visto que tanto o Parque Nacional da Tijuca como o Parque Estadual da Cantareira já nasceram em áreas urbanizadas. Também têm em comum o fato de que a principal motivação para a sua proteção foi o reconhecimento de que a pressão sobre a floresta impactava diretamente os recursos hídricos, comprometendo o abastecimento de água. Hoje esses dois parques são extremamente relevantes na cena urbana das metrópoles que habitam e seguem prestando serviços ambientais muito relevantes e oferecendo à população a oportunidade de interação com a natureza por meio da visitação com finalidade recreativa ou educativa.

Para avançar na reflexão acerca da importância dessas áreas é preciso, antes, definir o conceito de áreas protegidas urbanas. A IUCN define áreas protegidas como:

> Um espaço geográfico claramente definido, reconhecido, dedicado e gerido por meios legais ou outros igualmente eficientes, com o fim de obter a conservação da natureza, seus serviços ecossistêmicos e valores culturais associados no longo prazo[3].

Já as áreas protegidas urbanas seriam aquelas que se enquadram nessa definição de áreas protegidas e que estão situadas no entorno imediato dos centros urbanos ou inseridas nesse contexto. Sua gestão pode ser tanto de responsabilidade do governo federal quanto estadual ou municipal (Trzyna, 2014).

No Brasil, a Lei do Sistema Nacional de Unidades de Conservação (SNUC - Lei nº. 9.985/2000) não incorpora a definição de áreas protegidas, mas define unidades de conservação (UCs) como:

> Espaço territorial e seus recursos ambientais, incluindo as águas jurisdicionais, com características naturais relevantes, legalmente instituído pelo Poder Público, com objetivos de conservação e limites definidos, sob regime especial de administração, ao qual se aplicam garantias adequadas de proteção.

E adota doze categorias de UCs, divididas em dois grandes grupos:

I. Proteção Integral
   a. Estação Ecológica
   b. Reserva Biológica
   c. Parque Nacional
   d. Monumento Natural
   e. Refúgio de Vida Silvestre

---

3 International Union for the Conservation of Nature - IUCN. Disponível em: <http://iucn.org/about/work/programmes/ gpap_home/pas_gpap/>. Acesso em: 5 de agosto de 2014.

II. Uso Sustentável
   a. Área de Proteção Ambiental
   b. Área de Relevante Interesse Ecológico
   c. Floresta Nacional
   d. Reserva Extrativista
   e. Reserva de Fauna
   f. Reserva de Desenvolvimento Sustentável
   g. Reserva Particular do Patrimônio Natural

Cabe destacar que o SNUC não trata, em nenhum dos seus artigos, das peculiaridades das UCs urbanas.

Alguns autores, como Medeiros (2004), definem áreas protegidas como espaços territorialmente demarcados, cuja principal função é a conservação e/ou preservação dos recursos naturais e/ou culturais a eles associados. O mesmo autor, em outro trabalho, destaca que essas áreas vêm sendo equivocadamente reduzidas à terminologia "unidades de conservação", uma das tipologias de áreas protegidas previstas atualmente na legislação brasileira, mas adverte que as áreas protegidas no Brasil encerram um grupo muito mais abrangente de tipologias e categorias. Scardua (2007) considera que o conceito de áreas protegidas deve incorporar, além das UCs, áreas de reserva legal, áreas de preservação permanente, terras indígenas e quilombolas e outras áreas protegidas pelo Poder Público.

Em 2006 o governo federal aprovou o Plano Nacional de Áreas Protegidas (PNAP), instituído pelo Decreto nº. 5.758/2006. Esse plano define áreas protegidas como "áreas naturais ou seminaturais definidas geograficamente, regulamentadas, administradas e/ou manejadas com objetivos de conservação e uso sustentável da biodiversidade".

O PNAP enfoca prioritariamente o SNUC, nas terras indígenas e territórios quilombolas. As áreas de preservação permanente e as reservas legais são tratadas no planejamento da paisagem, no âmbito da abordagem ecossistêmica, com uma função estratégica de conectividade entre fragmentos naturais e as próprias áreas protegidas. A menção ao contexto urbano aparece, ainda que de maneira discreta, no eixo temático que trata do planejamento, fortalecimento e gestão das áreas protegidas, ao considerar, como parte de suas estratégias, a necessidade de incentivar o incremento de áreas naturais em ambientes urbanos e periurbanos, contribuindo com o esforço de conectividade de áreas protegidas.

No Brasil, o conceito de áreas protegidas urbanas começa a ser discutido e difundido pela Rede Nacional de Unidades de Conservação Urbanas (Renuurb). A rede foi criada no fim de 2013 com o propósito de integrar gestores das UCs das diversas esferas (federal, estadual e municipal), gestores urbanos, educadores, arquitetos e urbanistas, especialistas em planejamento urbano e em planos de manejo, representantes de órgãos governamentais e não governamentais, a fim de intensificar o intercâmbio de experiências e propostas para o desenho de uma estratégia diferenciada para conservação da biodiversidade nas cidades e para potencializar o papel que essas unidades têm de promover a aproximação entre conservação e o ambiente urbano.

Em um esforço inicial, a rede elaborou um conceito que define as unidades de conservação urbanas como "aquelas que seguem os objetivos e as estratégias do SNUC e estão inseridas ou em contato parcial com as áreas urbanas". De acordo com a Rennurb, não é imperativo que toda a área da UC esteja no perímetro urbano, mas pelo menos parte dela deve ser limítrofe com áreas urbanizadas.

Cabe ainda uma distinção entre as UCs urbanas e as demais áreas verdes e os parques urbanos existentes nas cidades. O Ministério do Meio Ambiente (MMA) define parque urbano como uma área verde com função ecológica, estética e de lazer, propiciando a melhoria da qualidade funcional e ambiental da cidade, sendo dotado de vegetação e espaços livres de impermeabilização. Já a Secretaria do Meio Ambiente (SMA) de São Paulo define parques urbanos como grandes espaços verdes localizados em áreas urbanizadas de uso público, com o intuito de propiciar recreação e lazer aos seus visitantes. Em sua maioria, abrigam equipamentos culturais, como museus, centros culturais e educativos, além de atividades esportivas com suas quadras, campos, ciclovias etc. *É nesses parques que grande parte da população urbana desenvolve sua relação com a natureza, o que faz deles uma importante ferramenta para conscientização ambiental* (Governo do Estado de São Paulo, 2012).

Lima et al. (1994) conceituam parques urbanos como áreas verdes delimitadas, passíveis de uma gestão específica e que apresentam, entre outras, função ecológica, educativa, estética e de lazer. Balotta e Bittar (2009) consideram que a diferença entre os parques urbanos e a categoria de parques estabelecida pelo SNUC está nos objetivos básicos de institucionalização. Enquanto os parques urbanos são criados para atender as necessidades de lazer e recreação, os parques previstos no SNUC têm como objetivo central a proteção *in situ* da biodiversidade. Esses autores definem parque urbano como uma área geograficamente delimitada, inserida em área urbanizada com cobertura vegetal, instituída pelo poder público sob regime especial de administração, destinada ao uso público para o estabelecimento de relações humanas de diversão, recreação, lazer, esporte, convivência comunitária, educação e cultura, no qual são aplicadas garantias adequadas de gestão e proteção (Balotta e Bittar, 2009).

Em síntese, os parques urbanos e as demais áreas verdes existentes nas cidades desempenham um papel muito importante para a integração das pessoas com a natureza, e podem contribuir com a melhora das condições ambientais das cidades. No entanto, diferem das UCs urbanas, pois estas têm como principal objetivo a conservação da biodiversidade e de processos ecológicos, agregando também objetivos de pesquisa, visitação, recreação, educação ambiental e outras formas de uso público.

Recentemente a Renuurb fez um mapeamento preliminar das UCs urbanas administradas pelo ICMBio e chegou a um número bastante expressivo: são 58 UCs urbanas, 18 delas de proteção integral e 40 de uso sustentável[4]. Esse número indica que cerca de 18% das UCs federais existentes hoje – são 320 no total, segundo o Cadastro Nacional de Unidades de Conservação, excluídas as Reservas Particulares do Patrimônio Natural[5] – são urbanas, reafirmando que discutir as peculiaridades, os desafios e oportunidades e as demandas para a gestão dessa modalidade de área protegida é urgente. Essa iniciativa é bastante relevante e pode fornecer subsídios para a elaboração de um inventário global das áreas urbanas protegidas, atualmente inexistente, bem como para um maior reconhecimento internacional dessas áreas (Trzyna, 2014).

Trzyna afirma que as áreas protegidas urbanas são distintas das demais áreas protegidas localizadas em ambiente rural e lista algumas razões que determinam essas diferenças:

4 RENUURB. Disponível em: <https://www.facebook.com/permalink.php?storyfbid=215966578542924&id=173365559469693>. Acesso em: 13 de outubro de 2014.

5 Cadastro Nacional de Unidades de Conservação. Disponível em: <http://www.mma.gov.br/areas-protegidas/cadastro-nacional-de-ucs>. Acesso em: 12 de fevereiro de 2015.

a) Elas recebem uma grande quantidade de visitantes, incluindo muitos que as visitam com frequência ou até diariamente. Muitos nunca experimentaram contato com a natureza em outras áreas mais remotas e selvagens. Outro aspecto interessante é que, em geral, esses visitantes exibem maior diversidade étnica e econômica do que os visitantes das áreas protegidas rurais.
b) Essas áreas se relacionam com inúmeros atores do contexto urbano, incluindo gestores públicos, veículos de comunicação, formadores de opinião e instituições culturais e educacionais que têm uma atuação--chave nessas regiões.
c) São ameaçadas pelo crescimento e intensificação do desenvolvimento urbano e suas infraestruturas.
d) São muito mais afetadas pelo crime, pelo vandalismo, pela deposição de resíduos sólidos e poluição sonora e luminosa.
e) Estão mais sujeitas a outros efeitos urbanos, como incêndios mais frequentes e severos, implantação de trilhas e passagens por seus usuários, poluição da água e do ar, conflitos entre humanos e espécies selvagens, introdução de espécies exóticas e invasão ou abandono de espécies domésticas.

Assim, além dos desafios tradicionais relacionados à gestão de qualquer área protegida (como planejamento, equipe em número suficiente e capacitada, dotação orçamentária etc.), essas unidades também estão sujeitas a uma série de outros fatores, uma vez que são mais fortemente influenciadas pela atividade e ocupação humana no seu entorno, o que provoca impactos diretos e indiretos na manutenção dos ecossistemas e na conservação da sua biodiversidade.

No Brasil, o debate acerca desse tema tem avançado lentamente, e não existem políticas públicas especificamente voltadas para a valorização e o fortalecimento das áreas protegidas urbanas, sendo necessário ampliar os esforços para a sua inclusão nas agendas da União, dos estados e municípios (Pellin et al., 2014). Com a criação da Renuurb, o debate sobre a gestão da biodiversidade nas cidades e a importância das áreas protegidas nesse cenário começa a sair da invisibilidade. E esse é um desafio que precisa ser enfrentado, pois, visto que vivemos em um mundo cada vez mais urbanizado, os gestores de áreas protegidas também precisam se especializar e estar preparados para responder rapidamente e de forma eficaz ao surgimento de elementos que coloquem as UCs e sua conservação em risco (Pellin et al., 2014).

1.2 OS VALORES E OS BENEFÍCIOS DAS ÁREAS PROTEGIDAS URBANAS

O crescimento das cidades, principalmente em países em desenvolvimento ou emergentes, tem ocorrido sem planejamento e muitas vezes avançando sobre áreas ambientalmente sensíveis, onde geralmente se localizam as áreas protegidas (Pitt e Boulle, 2010). Essas áreas podem representar uma das últimas oportunidades de proteger atributos ecológicos importantes, como espécies, paisagens e processos ecológicos, e estão ameaçadas pelo avanço da antropização.

Muitos são os aspectos que envolvem a conservação da biodiversidade no contexto urbano. Em um país como o Brasil, em que mais de 85% da população vive nas cidades, as áreas protegidas urbanas tornam-se uma ferramenta de grande relevância para a sobrevivência e para a qualidade de vida humana, já que essas áreas têm um papel importante no equilíbrio climático e ambiental das regiões em que estão inseridas.

McNeely (2001) afirma que um dos maiores valores das áreas protegidas urbanas reside justamente no fato de estarem próximas às áreas densamente ocupadas. Isso confere a elas o papel de vetor de integração com a sociedade, especialmente se essas unidades estiverem preparadas para receber visitantes, proporcionando-lhes uma experiência agradável e educativa (Pellin et al. 2014). Uma área protegida urbana gerenciada e preparada para receber e interagir com os diversos atores sociais é uma poderosa ferramenta na construção de um grupo político que possa atuar em defesa da causa conservacionista (Menezes e Mendes, 2001; Trzyna, 2014). Afinal, é nas cidades que vivem os principais gestores públicos, representantes dos grandes veículos de comunicação, empresários, políticos e demais atores que compõem o rol dos tomadores de decisão.

Buscando ampliar a compreensão sobre os inúmeros valores e benefícios que essas áreas apresentam, Pellin et al. (2014) realizaram uma revisão de trabalhos que abordam o tema, sem a pretensão de esgotá-lo. Os resultados fornecem indicações do grande potencial dessas áreas tanto em sua dimensão ambiental quanto socioeconômica, cultural, estética e educacional. As autoras advertem que o exercício de separação dos benefícios em grupos de valores é subjetivo, uma vez que com frequência os benefícios listados se inter-relacionam. As informações levantadas são apresentadas na **Tabela 2.**

Tabela 2. Valores e benefícios associados à existência de áreas protegidas urbanas.

Ambientais
Proteção de uma amostra do ecossistema e da biodiversidade associada.
Aumento da permeabilidade do solo em meio urbano.
Proteção de cursos de água, nascentes e matas ciliares.
Produção e purificação da água.
Drenagem de águas pluviais e controle de enxurradas.
Controle de erosão e de movimentos de massa.
Controle da poluição hídrica, atmosférica e sonora.
Regulação microclimática.
Socioeconômicos e culturais
Possibilidade de melhoria na qualidade de vida de moradores do entorno e usuários.
Conservação do patrimônio histórico-cultural.
Valorização imobiliária do entorno.
Oportunidade de geração de renda para a comunidade local.
Oportunidade de recreação em contato com a natureza para moradores do entorno e usuários.
Manutenção e conservação de espaços sagrados.
Diminuição do estresse da vida urbana.
Provisão de espaço de interação social.
Estéticos
Proteção de belezas naturais e diminuição da poluição visual.
Descontinuidade da malha urbana.
Educacionais ou de sensibilização
Inúmeras possibilidades de atividades de educação ambiental, ligadas tanto ao ensino formal quanto ao ensino informal.
Potencial de interação com uma grande quantidade de pessoas que vivem nas imediações.
Potencial de interação com uma grande quantidade de visitantes devido à proximidade dos grandes centros urbanos.
Possibilidade de interação com usuários ocasionais que utilizam a área apenas para passagem ou para realização de atividades esportivas ou recreativas.
Facilidade em atender pessoas com necessidades especiais devido ao seu fácil acesso.
Sensibilização de um grande número de pessoas que vivem em ambiente urbano, ressaltando a importância da conservação dessas áreas naturais.

Adaptado de Pellin et al. (2014). Consolidado a partir de Menezes e Mendes (2001), Melazo e Colasanti (2003), Gomes e Soares (2003), Souza (2010), Pitt e Boulle (2010) e Brigs (2012).

Como toda e qualquer área protegida, aquelas localizadas em ambiente urbano também têm como propósito a conservação da biodiversidade *in situ*. Mesmo imersas em uma matriz altamente antropizada, muitas dessas áreas têm contribuído para a proteção de milhares de espécies da fauna e da flora, incluindo espécies endêmicas e sob diferentes graus de ameaça. Essas áreas desempenham também um papel importante na proteção de mananciais e outros recursos hídricos, na proteção de encostas, na proteção do solo, na regulação do equilíbrio microclimático, no controle de enchentes e da poluição sonora etc. As UCs localizadas em áreas urbanizadas podem funcionar ainda como uma barreira à expansão urbana descontrolada (Debetir, 2006), o que as torna aliadas importantes nos exercícios de zoneamento e planejamento urbano.

Além da conservação ambiental, muitas UCs protegem sítios históricos, culturais e arqueológicos, que servem de atrativo para atividades de visitação com a finalidade de contemplação, recreação e educação ambiental e patrimonial. As UCs urbanas também podem representar os últimos refúgios de áreas naturais em ambientes urbanos altamente alterados, e resguardam locais considerados sagrados por grupos religiosos que usam esses sítios para a realização dos seus rituais.

A convivência e o contato regular com a natureza, possível por meio dos parques urbanos, geram benefícios para a saúde física e mental, conforme atestam inúmeras evidências científicas (Trzyna, 2014). Um artigo publicado pelo Instituto Semeia, em 2014, argumenta a respeito desse valor que as áreas protegidas urbanas detêm, citando um estudo publicado recentemente em Wisconsin, nos Estados Unidos, que demonstra que bairros que abrigam uma quantidade maior de espaços verdes tendem a ter uma população menos propensa a desenvolver doenças como depressão, ansiedade e estresse (Beyer, 2014). O estudo menciona ainda outros artigos que atestam que o contato com a natureza gera efeitos positivos sobre a saúde, como a diminuição do estresse e da fadiga mental, o aumento da coesão social dentro da vizinhança que abriga essas áreas e até mesmo a redução de índices de criminalidade e violência (Semeia, 2014). Esses estudos corroboram fortemente o argumento de que as áreas protegidas, em especial aquelas localizadas nos grandes centros urbanos, têm um papel muito relevante para melhorar o bem-estar, tanto dos usuários desses espaços quanto das populações que vivem no seu entorno.

A ampliação da visitação nas áreas protegidas urbanas pode trazer uma série de benefícios para a sua gestão e conservação. Para Pitt e Boulle (2010), alguns desses benefícios seriam: i) diminuição da sua atratividade para usos predatórios ou ilegais; ii) maior valorização da área pela comunidade, que ficará mais propensa a defendê-la; e iii) ampliação do conhecimento quanto aos seus benefícios, desde que haja oportunidades de interação com a área e informação disponível de forma amigável. Esses autores destacam que até mesmo proporcionar a oportunidade para a realização de pequenos eventos comunitários ou reuniões de moradores do entorno é uma estratégia válida para aproximar as pessoas desses espaços.

Isso é ainda mais relevante se for considerado que, apesar de serem crescentes os esforços para ampliação do turismo em áreas protegidas, é muito provável que apenas uma pequena parcela da sociedade terá condições de visitar regiões naturais prístinas e remotas. Essa proporção da população deverá ser ainda menor se considerarmos a porcentagem de crianças em idade de formação que terão contato com essas áreas (Briggs, 2012). Esse mesmo autor adverte que as crianças de hoje são os tomadores de decisão de amanhã, por isso precisam se envolver e criar conexões com os ambientes naturais, sob o risco de se tornarem adultos desinteressados em relação a esse tema.

Outro benefício que as áreas protegidas podem oferecer para a sociedade diz respeito ao seu potencial econômico. Medeiros et al. (2011) buscaram avaliar o potencial, hoje não aproveitado, de contribuição das UCs brasileiras para a economia nacional. Levando-se em conta apenas as UCs federais, os dados indicam que elas têm potencial de atrair cerca de 17,5 milhões de visitantes em 2016. Estima-se entre R$ 1,8 e R$ 2 bilhões o impacto econômico causado por esse fluxo de visitantes e turistas nas regiões em que estão localizadas essas unidades, garantindo recursos para a manutenção e dinamização da economia local (Medeiros et al., 2011).

Esse estudo não foi focado nas unidades urbanas, mas, se considerarmos o grande potencial – hoje pouco aproveitado – das muitas UCs inseridas nas cidades, cujo acesso pode ser facilitado pela infraestrutura de acesso e transporte, podemos concluir que esta pode colaborar significativamente com a ampliação da visitação às UCs brasileiras e, consequentemente, incrementar as economias locais e gerar receita para ser reinvestida na própria gestão dessas unidades.

Todos esses aspectos reforçam a ideia de que as UCs urbanas podem produzir inúmeros benefícios, tanto do ponto de vista ambiental como econômico, social, cultural e até mesmo de saúde pública. Por outro lado, sua localização, imersa em uma matriz urbana, muitas vezes impermeável e sujeita a toda sorte de problemas enfrentados pelas cidades, resulta em desafios de gestão, indicando que é necessário avançar e superar paradigmas na administração e no manejo dessas áreas. E este é o propósito desta publicação: contribuir para a discussão sobre os desafios relacionados à proteção e conservação das UCs urbanas, potencializando os ganhos que elas podem oferecer a toda a sociedade brasileira.

CAPÍTULO 2

Principais desafios para a gestão das áreas protegidas urbanas

A gestão das UCs criadas em instância federal é de atribuição do ICMBio, autarquia criada em 2007 pela Lei nº 11.516/2007. Ele é vinculado ao Ministério do Meio Ambiente e tem como propósito executar as ações do SNUC, podendo propor, implantar, gerir, proteger, fiscalizar e monitorar as UCs instituídas pela União. Cabe ao ICMBio, ainda, fomentar e executar programas de pesquisa, proteção, preservação e conservação da biodiversidade e exercer o poder de polícia ambiental para a proteção das UCs federais[6]. Já no caso das UCs estaduais e municipais, essa atribuição fica a cargo das Secretarias Estaduais e Municipais de Meio Ambiente, respectivamente, e de institutos e fundações a elas ligados.

Segundo Terborgh e Schaik (2002), uma grande fração das áreas protegidas no mundo são "parques de papel". Esse termo se refere às áreas que não foram implantadas e têm apenas uma existência virtual, com limites desenhados em mapas oficiais. No Brasil essa realidade não é diferente. Lima et al. (2005) afirmam que criar UCs sem a perspectiva de implantá-las provoca inúmeros problemas regionais, além de prejudicar a relação da instituição e da unidade com as comunidades locais. Os autores ressaltam que as expectativas não atendidas, a desapropriação sem indenização, lucro e produção cessante, desestabilização cultural, déficit tributário pela redução de produção e paralisação do processo de desenvolvimento regional são fatores que contribuem para um clima de insatisfação regional e para o desgaste do nome e da imagem institucionais, resultantes da não implantação das UCs (Lima et al., 2005).

No Brasil, os principais problemas relacionados ao manejo de UCs são a falta de regularização fundiária, ausência de planos de manejo e sua implementação, a baixa autonomia administrativa, a baixa participação na gestão e os déficits em recursos humanos. Essas áreas também sofrem com problemas crônicos de falta de recursos financeiros, que são agravados

6 Instituto Chico Mendes de Conservação da Biodiversidade (ICMBio). Quem somos. Disponível em: <http://www.icmbio.gov.br/portal/quem-somos/o-instituto.html>. Acesso em: 8 de setembro de 2014.

ainda por uma tendência de decréscimo da disponibilidade de recurso por unidade de superfície e pela irregularidade do seu repasse (Dourojeanni e Pádua, 2001; Mercadante, 2007).

Faria (2004) define gestão de UCs como sendo a equilibrada coordenação dos componentes técnicos e operacionais (recursos humanos, materiais e financeiros) e os diversos atores sociais que incidem sobre a área, de maneira a se obter a eficácia requerida para alcançar os objetivos para os quais a unidade foi criada, bem como a manutenção da funcionalidade dos ecossistemas abrangidos. Porém, para que a gestão dessas áreas seja efetiva, é necessário que ela esteja pautada no conhecimento sobre as características e a complexidade dos ecossistemas, o sistema legal em que essas áreas estão inseridas, seus valores culturais intrínsecos e as atividades desenvolvidas em seu entorno (Cifuentes et al., 2000). Nesse sentido, Hockings et al. (2000) complementam ainda que o adequado manejo de uma área protegida deve ser considerado dentro de um ciclo composto pelas atividades de planejamento, implementação e avaliação.

O principal instrumento que apoia e orienta a gestão das UCs é o plano de manejo, um documento técnico elaborado com base em diversos estudos, incluindo diagnósticos do meio físico, biológico e social, que estabelece as normas, restrições para o uso e ações prioritárias a serem desenvolvidas na UC e em sua zona de amortecimento. Uma de suas ferramentas mais importantes é o zoneamento, que organiza a UC especialmente em zonas sob diferentes graus de proteção e regras de uso. O documento também inclui medidas para promover a integração da UC à vida econômica e social das comunidades vizinhas e as regras para a visitação, o que é essencial para que a implementação da unidade seja mais eficiente[7].

O SNUC determina que, em um prazo de até cinco anos após a sua criação, toda UC deve ter seu plano de manejo elaborado e aprovado. No entanto, a realidade contraria o que determinam as normas. No ano de 2007, das 288 UCs federais existentes, apenas 28% contavam com planos de manejo (Gonçalves, 2007). Já com relação às UCs estaduais, Scardua (2007) encontrou que, entre as 476 áreas pesquisadas, apenas 13,8% apresentavam plano de manejo, 20,3% estavam em processo de elaboração e 2,1% estavam em processo de revisão do documento.

7 Ministério do Meio Ambiente (MMA). Plano de Manejo. Disponível em: <http://www.mma.gov.br/areas-protegidas/unidades-de-conservacao/plano-de-manejo>. Acesso em: 8 de setembro de 2014.

Entre os anos de 2005 e 2006, o Fundo Mundial para a Natureza (WWF) publicou, em parceria com o Ibama, um estudo de avaliação da efetividade da gestão das UCs federais, utilizando o método Rappam – Avaliação Rápida e Priorização da Gestão de Unidades de Conservação. Das 246 UCs avaliadas, 32 (13%) apresentavam alta efetividade de gestão, 89 (36%) efetividade média e 125 (51%) efetividade baixa (Ibama, 2007). Os resultados indicam que os fatores que determinam a vulnerabilidade das unidades foram comuns a todos os grupos, sendo eles: i) o fácil acesso, que favorece o desenvolvimento de atividades ilegais; ii) dificuldades de contratação e manutenção de funcionários; iii) a grande demanda por recursos vulneráveis; e iv) dificuldades em monitorar as atividades ilegais que ocorrem em seu território (Ibama, 2007). Outras questões apontadas nessa análise que influenciam negativamente a gestão são a caça, a presença de espécies exóticas invasoras, influências externas e impactos negativos provenientes da presença de populações humanas. Essas foram consideradas as pressões e ameaças mais críticas e frequentes, com maior tendência de crescimento e maior probabilidade de ocorrência nos próximos anos. Questões relacionadas aos recursos humanos, recursos financeiros e ao desenvolvimento de pesquisas, avaliação e monitoramento também são críticas e inerentes a todo o sistema, o que suporta a conclusão de que os problemas relacionados à gestão das UCs federais do Brasil são sistêmicos (Ibama, 2007).

Em 2010, após a criação do ICMBio, uma nova análise foi desenvolvida e seus resultados foram comparados aos dados obtidos no estudo anterior. Houve um incremento no número de unidades com alta efetividade de gestão, saltando de 32, em 2005 e 2006, para 66, em 2010. Nessa segunda rodada, o número de UCs cuja gestão foi considerada de média efetividade subiu de 89 para 135 e com baixa efetividade reduziu-se de 125 para 91 (ICMBio, 2011). Essa melhora é significativa, mas muitos gargalos ainda precisam ser equacionados.

Os problemas apontados pelo Rappam refletem, em grande medida, a realidade e os desafios observados para a gestão das quatro áreas protegidas urbanas que servem de referência para a presente publicação. Embora as informações que serviram de base para o trabalho tenham sido provenientes do processo de elaboração dos seus planos de manejo, e não de uma análise da efetividade de gestão, muitas questões similares foram identificadas.

No entanto, essas experiências também ressaltaram que o fato de uma área protegida estar imersa em uma matriz urbana resulta em novos desafios de gestão, ou, talvez, nuances diferentes dos mesmos desafios enfrentados por aquelas que estão inseridas em um contexto rural. Em certa medida, uma UC urbana enfrenta problemas similares àqueles enfrentados pelas cidades, como a violência urbana, a pressão imobiliária e as mudanças no uso e ocupação do solo, a falta de saneamento básico, as demandas por espaços de lazer, a busca de alternativas econômicas para o desenvolvimento regional etc. Nesse sentido, essas áreas precisam, necessariamente, dialogar com as demais políticas públicas que incidem sobre o território, e sua gestão não pode estar descolada do que acontece nos bairros e localidades próximos à UC.

Neste capítulo serão explorados alguns desafios relacionados aos usos conflitantes e aos aspectos socioeconômicos, ecológicos e político-institucionais que interferem nas áreas protegidas urbanas, com ênfase nas áreas protegidas que serviram de base para esta publicação.

2.1 ASPECTOS SOCIOECONÔMICOS

2.1.1 Ocupações humanas no interior das UCs e questões fundiárias

O crescimento das cidades acarreta o parcelamento do solo e o avanço das áreas urbanas para as áreas ambientalmente sensíveis, onde, via de regra, estão os remanescentes de vegetação nativa. Essa tem sido uma tendência, principalmente em países em desenvolvimento ou emergentes, cujo crescimento tem se dado sem o adequado planejamento (Pitt e Boulle, 2010). Na medida em que as cidades crescem, a pressão sobre áreas protegidas e suas zonas de amortecimento também aumenta. Isso resulta em inúmeros problemas sociais, como famílias vivendo em áreas de encostas e outras áreas ambientalmente frágeis e expostas ao risco, promovendo um aumento dos conflitos entre as necessidades de moradia e habitação, a proteção de áreas de risco e a conservação de áreas ambientalmente sensíveis e sua biodiversidade.

Um caso bastante emblemático do desafio relacionado a ocupações humanas no interior de áreas protegidas urbanas se dá no Parque Estadual da Pedra Branca (PEPB). A localização da unidade e a sua constituição geomorfológica, com altitudes relativamente baixas e terrenos não muito inclinados, favoreceram a intensa ocupação e a conversão da paisagem natural que a área vem sofrendo ao longo da sua história. Essa ocupação tem perfis variados e abarca populações de baixa, média e alta renda. As propriedades em seu interior têm tanto características rurais, desenvolvendo agricultura de subsistência ou comercial, quanto urbanas, incluindo cinco favelas[8] que estão totalmente inseridas nos limites do parque e ocupam uma área de aproximadamente 19 hectares do seu território (IPP et al., 2005).

Estimativas realizadas por Iwama et al. (2014) apontaram a existência de 1.181 domicílios no interior da UC entre 2010 e 2011, o que é um número bastante elevado, e ainda significa um aumento de 20,6% em relação ao levantamento realizado por Costa (2002) no ano de 1997, quando foi estimada a presença de 938 domicílios (**Figura 5**).

Figura 5. Exemplo de domicílios que podem ser encontrados no interior do PEPB. Fonte: Angela Pellin.

---

8 As características utilizadas pelo Instituto Pereira Passos para definir uma área como favela são: i) ocupação irregular da terra; ii) falta de títulos de propriedade formais, o que não significa que a ocupação seja ilegal; iii) tecido urbano disposto de forma irregular; iv) lotes pequenos e indefinidos; v) vias estreitas; vi) infraestrutura de saneamento precária; vii) equipamentos sociais inexistentes ou insuficientes; viii) habitações precárias, em desacordo com as normas; ix) inexistência de normas urbanísticas especiais. A rigor, as normas urbanísticas existentes deveriam ser aplicadas a todo o bairro, mas não é isso que ocorre, e, ao mesmo tempo, não existem normas urbanísticas especiais; x) não inserção dos imóveis nos cadastros imobiliários; xi) predominância de população de baixa renda. Disponível em: <http://www.rio.rj.gov.br/documents/91329/1f8a19d9-91d6-430d-81f4-52081055114e>. Acesso em: 10 de novembro de 2014.

O levantamento do uso e ocupação do solo realizado durante o diagnóstico para o plano de manejo da UC identificou que existem cerca de 420 hectares de áreas de cultivo no seu interior (3,39% de sua área total), reunidas, predominantemente, na vertente oeste (INEA, 2012a). Os cultivos correspondem, em sua maioria, ao plantio de espécies frutíferas, predominantemente banana e caqui, mas em menor escala existem hortaliças, aipim, inhame e plantas ornamentais. A maioria dos produtores trabalha com sistema de produção agroecológico, sem o uso de defensivos e/ou adubos químicos. Grande parte dessa atividade é realizada por agricultores familiares, que vivem dentro da unidade, mas também foram registrados agricultores que moram fora da UC, em seu entorno imediato, e mantêm suas áreas de cultivo no local. Em que pese o conflito entre essa atividade e uma UC de proteção integral, é importante ressaltar que o parque e seu entorno constituem uma das últimas áreas rurais do município do Rio de Janeiro, com uma relevância socioeconômica e histórico-cultural que deve ser considerada em qualquer processo decisório relacionado à definição da situação fundiária da UC.

No entanto, não se pode ignorar que as inúmeras ocupações humanas e os diversos tipos de atividades agropastoris realizados em seu interior vêm contribuindo para alterar a paisagem natural do maciço da Pedra Branca, favorecendo a conversão da floresta em áreas de cultivo, áreas urbanas ou substituindo-a por outros usos, o que coloca em risco a sua biodiversidade (INEA, 2012a).

O entorno do parque também vem sofrendo um processo importante de conversão da paisagem agrícola para área urbana. Em uma análise realizada por Costa et al. (2011), em um quilômetro de entorno do PEPB, constatou-se que entre 2004 e 2008 houve um aumento de mais de 10% da área urbana, chegando a 14% em 2009. O diagnóstico socioeconômico apresentado no plano de manejo do parque demonstra que bairros como Jacarepaguá, Guaratiba, Recreio dos Bandeirantes e Camorim dobraram sua população no período entre 1991 e 2010 (INEA, 2012a). Esse avanço da mancha urbana para dentro e no entorno imediato da unidade tem exercido forte pressão sobre a cobertura florestal e a biodiversidade do PEPB (Costa, 2002; Oliveira, 2005; Sathler, 2009; 2010). Segundo Iwama et al. (2014), há potencial para ampliação das ocupações humanas na área, dados os diversos projetos de infraestrutura urbana voltados para facilitar a mobilidade e a ocupação de regiões do entorno do parque, e ainda o crescimento populacional. Considerando isso, os autores ressaltam a necessidade de medidas de proteção e fiscalização mais intensas na região.

A esse desafio soma-se o fato de a situação fundiária do PEPB ainda não ser totalmente conhecida, com a área apresentando um mosaico patrimonial, formado por terras de domínio do Estado, de posseiros, de particulares, e ocupações espontâneas (INEA, 2012a). Estimativas indicam que cerca de 70% de seu território está sobre áreas públicas e devolutas e 30% sobre áreas privadas (Sathler, 2009). Os levantamentos realizados durante o plano de manejo apontam a existência de moradores que ocupam a região desde anos anteriores à criação do parque, que se deu em 1974, mas também foi possível observar zonas de ocupação mais recentes, onde se concentram propriedades de médio ou alto padrão (INEA, 2012a).

Cabe ressaltar que as questões fundiárias são um problema crônico e que compromete os níveis de eficiência das áreas protegidas no Brasil (CMA/CNRBMA, 1996). A maioria dos parques e outras UCs de proteção integral no país, mesmo aqueles que já possuem infraestrutura administrativa, ainda têm pendências no que diz respeito à regularização fundiária, acarretando problemas institucionais, jurídicos, legais e até criminais (Azevedo, 2002; Costa, 2002; Soares, 2004; Mota, 2009; SMA, 2009). Em 1995 o governo do estado do Rio de Janeiro sancionou a Lei nº 2.393/1995, assegurando às populações residentes há mais de 50 anos em UCs o direito real de uso das áreas ocupadas, ficando, como contrapartida, obrigadas a participar de sua preservação, recuperação, defesa e manutenção (Costa, 2002).

De acordo com a SMA (2009), a regularização fundiária consiste não apenas em delimitar o espaço territorial legalmente instituído pelo poder público como área ambientalmente protegida, mas também em promover a discriminação fundiária da unidade, identificando os posseiros e proprietários inseridos em seus limites, promovendo a readequação da utilização ou, quando for o caso e amparado legalmente, promover a desapropriação ou o reassentamento das famílias. O fato é que a questão fundiária não deve ser resumida à desapropriação, com a retirada da população residente de seu interior, acompanhada de indenização. Mota (2009) sugere que sejam considerados os determinantes sociais na questão da terra, bem como outros direitos de propriedade que se gestaram durante a colonização da região, pois as circunstâncias e o contexto social em que são criadas as áreas protegidas influenciam fortemente a sua gestão (Brandon, 1998; Rylands e Brandon, 2005). Em situações críticas em que a quantidade e o tempo de ocupação dos residentes inviabilizam qualquer ação de reassentamento, seria razoável considerar o redimensionamento e a recategorização dessas áreas protegidas, buscando uma modificação do perímetro da área original (CMA/CNRBMA, 1996; Barborak, 1997; Costa, 2002; Sathler, 2009).

A intensa ocupação presente no PEPB contribui para que o local seja marcado, historicamente, por conflitos que envolvem os moradores e a administração da unidade. Moradores do local reivindicam melhorias nas moradias, nas vias de acesso, e o acesso a serviços públicos como transporte, saneamento, escolas, entre outros, os quais muitas vezes ficam prejudicados por se tratar de uma UC de proteção integral. Ainda assim, esses serviços públicos oficiais não estão totalmente ausentes na unidade. Na região sul do parque, por exemplo, algumas casas têm acesso oficial a água encanada e a energia elétrica chega em todas as vertentes do PEPB. Até mesmo ruas pavimentadas foram observadas em algumas comunidades dentro do PEPB, nas vertentes leste, oeste e sul. Segundo o relato de moradores, essas infraestruturas foram implantadas posteriormente à criação do parque (INEA, 2012a), o que evidencia a falta de sintonia e de diálogo entre os gestores públicos municipais e a instituição responsável pela administração da área. A presença desses serviços, sem dúvida alguma, melhora a qualidade de vida dos cidadãos, mas gera ainda mais dúvidas quanto às restrições impostas pela presença de uma UC de proteção integral no local.

Costa (2002) observou que parte da degradação ambiental que se observa no PEPB, especialmente na região leste, era resultado do desconhecimento de uma parcela de moradores quanto ao fato de viverem em uma área protegida e da ausência de apoio institucional mínimo, representado pela carência de informações ambientais por parte dos órgãos responsáveis pela administração do PEPB e pela precária fiscalização do local. Essa situação parece ter melhorado, mas ainda não está completamente sanada.

O plano de manejo do parque propõe algumas medidas para solucionar o problema da ocupação irregular dentro da unidade e para diminuir a pressão sofrida em seu entorno. Essas medidas incorporam um conjunto de ações que devem ser realizadas em curto, médio e longo prazos, já que um conflito dessa magnitude não é de rápida resolução. O estudo e mapeamento fundiário completo da UC é uma ação central (e de longo prazo) que precisa ser conduzida em parceria com o seu Conselho Consultivo – a sua principal instância de participação social. Esse mapeamento deve identificar as terras privadas, definir áreas prioritárias para a regularização fundiária e estudar medidas para que o Estado possa adquirir essas áreas e incorporá-las ao patrimônio público.

Outra questão primordial é a redelimitação da UC, com critérios acordados entre gestores públicos e sociedade quanto às áreas que devem ser excluídas e outras que podem ser adicionadas ao seu território, levando em consideração aspectos socioeconômicos, fundiários, ambientais, áreas de risco e outros elementos relacionados à gestão da UC, de modo a minorar os conflitos de uso e a pressão sobre a área. O plano de manejo faz uma proposta de redelimitação e sugere a exclusão de áreas com ocupações humanas consolidadas (pequenos bairros ou locais que apresentem atividades econômicas consolidadas – agricultura e pecuária), desde que isso não acarrete perda de áreas em bom estado de conservação, que não estejam localizadas sobre áreas de risco, não implique risco social para as populações atingidas e não afete a conectividade ou desenho da UC para a conservação. E, para aqueles moradores que permanecerem na unidade até que as questões fundiárias se resolvam, propõe-se o estabelecimento de termos de compromisso, com a definição de normas de conduta e regras de uso dos recursos naturais a serem seguidas durante os anos em que viverem no interior da UC (INEA, 2012a).

Outra proposta apresentada é a realização de um estudo para avaliar a possibilidade de implantação de um cinturão de agroecologia no entorno do PEPB, em áreas que apresentem aptidão para tal e que ainda apresentem baixas densidades de ocupação, e também o estímulo às práticas agroecológicas em todo o entorno do parque, mesmo em áreas já densamente urbanizadas. A presença da agricultura de baixo impacto, como é o caso da agricultura familiar e orgânica presente na região, pode ser uma barreira importante para outros usos e pode auxiliar a conter a degradação da floresta.

Outra área protegida que também compõe os estudos de caso desta publicação e que se localiza próximo ao PEPB é a Reserva Biológica de Guaratiba (RBG). Os principais vetores de pressão sobre seu ambiente natural são o aterramento das áreas adjacentes e as construções irregulares presentes no interior da reserva e em seu entorno. A urbanização e a ocupação das áreas limítrofes à unidade favorecem a impermeabilização do solo e alteram a drenagem das águas fluviais e pluviais, o que interfere diretamente no aporte de água doce para o manguezal, acarretando a sua diminuição gradativa (Lardosa, 2011). Portanto, controlar a ocupação no entorno da UC é fundamental para não expô-la a uma situação de grande vulnerabilidade nas próximas décadas.

Em 2010, a RBG foi recategorizada para que se ajustasse ao SNUC e passou por uma revisão dos seus limites, excluindo áreas com ocupações consolidadas, o que resultou na desafetação de mais de 600 casas. Esse processo alterou o desenho da reserva, excluindo importantes áreas de manguezal, mas, por outro lado, adicionou novas áreas à UC e contribuiu para diminuir seus problemas fundiários. Após esse processo, restaram apenas 17 moradias em seu interior, e a regularização dessas áreas estava sendo comandada pela Superintendência do Patrimônio da União (SPU), com acompanhamento do órgão gestor da UC na época de elaboração do seu plano de manejo (2010). As casas foram sinalizadas e as negociações para que essas famílias fossem removidas e reassentadas em outro local estavam em andamento. Essas moradias (as do interior e do entorno) também causam um impacto considerável à vegetação da unidade, em função do lançamento de efluentes sem tratamento adequado e de resíduos sólidos, que frequentemente podem ser observados no manguezal (INEA, 2012b).

A região onde se insere a RBG é considerada uma das próximas fronteiras de expansão urbana no município do Rio de Janeiro. O crescimento da ocupação e do parcelamento do solo na planície costeira, potencializados pela abertura do túnel da Grota Funda e pela duplicação da Avenida das Américas, que liga a zona sul da cidade à zona oeste e corta a face norte da reserva, acende um sinal de alerta para a ameaça em potencial que o crescimento dessa região pode trazer para os manguezais da RBG.

A cidade do Rio de Janeiro tem um déficit habitacional de mais de 220 mil unidades[9], e, à medida que a cidade cresce, as áreas naturais tornam-se

9 Segundo a pesquisa Déficit Habitacional Municipal no Brasil 2010, divulgada pela Fundação João Pinheiro, em parceria com o Ministério das Cidades. Fonte: Canal Ibase. Disponível em: <http://www.canalibase.org.br/a-explosao-do-deficit-habitacional-no-rio-de-janeiro>. Acesso em: 12 de outubro de 2014.

um convite à ocupação. Assim, é importante ressaltar que as iniciativas para evitar essa pressão sobre as áreas protegidas urbanas não podem ser ações isoladas dos seus órgãos gestores, mas devem ser desenhadas e implementadas com a participação de outras instituições e autarquias públicas, com atuação multidisciplinar e de forma complementar entre políticas públicas de habitação, transporte, educação, entre outras, levando em conta os aspectos legais, econômicos, sociais e ambientais que interferem nesse contexto.

Assim como o PEPB e a RBG, o Parque São Bartolomeu (PSB) também está situado na periferia de uma grande cidade, nesse caso na região do Subúrbio Ferroviário de Salvador. Essa região é extremamente carente, com baixos índices de implementação de políticas públicas e em que a maior parte das ocupações humanas se dá de maneira espontânea, isto é, sem o adequado planejamento urbano. Esse parque foi criado mediante a publicação do Decreto Municipal nº 4.590/1974, que declarou de utilidade pública uma área de cerca de 75 hectares, de propriedade da Companhia Progresso e União Fabril da Bahia. A área desapropriada passou a integrar o Sistema de Áreas Verdes do município de Salvador, sendo delimitada pelo Plano Diretor como "Área de domínio público não edificável" (CONDER, 2013). Mesmo sendo de domínio público, o território do PSB nunca havia sido gerido como uma UC[10], o que de certo modo contribuiu para que ocupações espontâneas e irregulares começassem a surgir na área a partir da década de 1970. É importante destacar que todo o entorno do PSB é caracterizado pela presença de aglomerados subnormais[11], para os quais a oferta de serviços

10 O reordenamento do status legal do PSB foi discutido ao longo do seu plano de manejo, que revê a sua reclassificação como Parque Natural Municipal, uma categoria prevista pelo SNUC.

11 Esses aglomerados são caracterizados pelo IBGE como um conjunto constituído de, no mínimo, 51 unidades habitacionais (barracos, casas etc.) carentes, em sua maioria de serviços públicos essenciais, ocupando ou tendo ocupado, até período recente, terreno de propriedade alheia (pública ou particular) e estando dispostas, em geral, de forma desordenada e densa. A identificação dos aglomerados subnormais é feita com base nos seguintes critérios: i) ocupação ilegal da terra, ou seja, construção em terrenos de propriedade alheia (pública ou particular) no momento atual ou em período recente (obtenção do título de propriedade do terreno há dez anos ou menos); e ii) devem ter pelo menos uma das seguintes características: urbanização fora dos padrões vigentes – refletida por vias de circulação estreitas e de alinhamento irregular, lotes de tamanhos e formas desiguais e construções não regularizadas por órgãos públicos; precariedade de serviços públicos essenciais. Os aglomerados subnormais podem se enquadrar, observados os critérios de padrões de urbanização e/ou de precariedade de serviços públicos essenciais, nas seguintes categorias: invasão, loteamento irregular ou clandestino e áreas invadidas e loteamentos irregulares e clandestinos regularizados em período recente. Aglomerados subnormais e favelas são conceitos que podem ser considerados similares.

públicos como coleta de lixo e saneamento é precária, comprometendo ambientalmente a área em razão do lançamento indevido de esgoto e de águas pluviais. Além de ocupações com a finalidade de moradia, o parque também conta com uma área de agricultura e com uma chácara de lazer (CONDER, 2013).

Antes do início da elaboração do plano de manejo do PSB, que ocorreu em 2012, a Secretaria de Desenvolvimento Urbano do Estado da Bahia (SEDUR), responsável pelo Projeto de Desenvolvimento Integrado em Áreas Urbanas Carentes no Estado da Bahia - Dias Melhores[12] previu uma série de investimentos em requalificação urbana da área, com a regularização fundiária e a relocação e o reassentamento de famílias que viviam no interior do parque, bem como nas adjacências. Um levantamento realizado em 2009 pelo projeto identificou 441 edificações no interior da área, onde residiam aproximadamente 943 habitantes (CONDER, 2009). Entrevistas realizadas com 390 moradores identificaram que apenas 2,76% tinham ensino fundamental e 8,8% o ensino médio. Os dados sobre a renda chamam bastante a atenção e revelaram que apenas 34,68% dos entrevistados possuíam renda, dos quais 15,91% recebiam menos que um salário mínimo e 13,26% recebiam até meio salário mínimo. Apenas 0,53% dos entrevistados disseram ganhar mais de três salários mínimos. Esses dados demonstram a grande fragilidade socioeconômica em que se encontram essas famílias (CONDER, 2013).

Durante o processo de requalificação da área foram construídas moradias populares para realocação dos moradores que viviam no parque, muitos dos quais ocupavam áreas de risco e áreas ambientalmente sensíveis, como encostas íngremes e manguezais. Também foram implantadas infraestruturas urbanas, como pavimentação e sistema de coleta de esgotos, e foram feitos investimentos na delimitação e cercamento do parque e na construção de inúmeros equipamentos culturais, como quadras de esporte e áreas de lazer, um centro de cultura e um centro de referência. O longo processo de negociação com as famílias, a construção e o remanejamento das novas moradias representaram um marco positivo para a administração do parque. Os equipamentos culturais foram planejados (e alguns implantados) previamente à elaboração do plano de manejo do PSB, com base em diagnósticos realizados

12 O Projeto contava com recursos de um empréstimo que o Estado realizou junto ao Banco Internacional para Reconstrução e Desenvolvimento – BIRD (Acordo de Empréstimo nº 7344-BR).

pela equipe da SEDUR com a contribuição de representantes da sociedade civil, e tiveram de ser incorporados ao planejamento da UC.

No entanto, o volume de investimentos relacionados com a requalificação urbana do PSB e do entorno e com o processo de regularização fundiária e reassentamento das famílias atraiu a atenção de outros moradores da região. Como consequência, uma nova área do PSB foi ocupada no ano de 2011, dessa vez por famílias apoiadas pelo Movimento dos Trabalhadores Sem Teto (MTST). Estima-se que entre 150 e 180 famílias compunham esse novo assentamento, as quais esperavam ser incluídas no processo de regularização fundiária, mas o CONDER entrou com um pedido de reintegração de posse. Essa ocupação se caracterizava por baixos índices de saneamento, o que implicava efeitos negativos sobre as áreas naturais, como a contaminação do solo e dos recursos hídricos por esgotos domésticos e resíduos sólidos. Além dessa ocupação do MTST, um novo mapeamento realizado em 2011 contabilizou 491 edificações no PSB, indicando a possível reincidência de alguns moradores (CONDER, 2013).

Mesmo com todos os investimentos físicos e estruturais promovidos pelo Projeto Dias Melhores, o parque não dispunha de uma equipe efetivamente presente no local. No momento dessas intervenções, por exemplo, o parque não contava com uma sede e o responsável pela gestão da área estava sediado em outro parque na cidade de Salvador, distante cerca de 16 quilômetros do PSB, o que dificultava ações rotineiras de gestão e a coordenação da atual equipe. Ele tampouco dispunha de um efetivo que estivesse sempre presente e percorrendo os limites do PSB, deixando-o vulnerável a usos irregulares.

Entre as lições aprendidas com essa experiência, destaca-se que uma intervenção dessa grandeza não pode vir desacompanhada de ações de educação e sensibilização ambiental, de fiscalização e patrulhamento da área, tanto para evitar novas ocupações como para que os cidadãos possam compreender as razões pelas quais a área não é destinada à habitação, o que foi enfatizado nas propostas do plano de manejo.

A outra importante área protegida urbana abordada nesta publicação é o Parque Natural Municipal Fazenda do Carmo (PNMFC), localizada na zona leste de São Paulo. Em seu entorno existem 12 áreas classificadas como aglomerados subnormais, sendo quatro delas vizinhas ao território do parque (Gleba do Pêssego, Lupércio de Souza Cortez, Jardim São Gonçalo e Tabor) e uma inserida em seu interior, a favela Piscinão Aricanduva II, cuja ocupação ganhou força no início de 2005. As famílias residentes nessa localidade foram cadastradas pela Secretaria Municipal de Educação de São Paulo[13] entre os anos de 2008 e 2011. O cadastramento apontou a existência de 147 residências, algumas delas divididas entre mais de uma família, totalizando mais de 330 moradores. Os dados apontam ainda que o uso das moradias é residencial, constando apenas um uso comercial. O tempo de moradia varia bastante, desde poucos meses até 17 anos, e a renda familiar de 75% dos moradores não ultrapassa R$ 1.000,00. Além dessa ocupação, também foram identificadas mais quatro residências e dois pontos comerciais em outras regiões do parque. Em face da criação da Unidade e, posteriormente, da alocação de equipe de fiscalização, manejo e conservação, bem como da implantação de muros e gradis em seus limites, essas ocupações têm sido controladas e não têm avançado para o seu interior. Esforços da administração do parque e da prefeitura têm sido feitos para resolver o conflito fundiário, com o acompanhamento dos processos de ação fiscalizatória e de cadastramento dos moradores (Prefeitura de São Paulo, 2014).

Uma das ações previstas para a regularização fundiária da área é a elaboração de um plano de realocação dos moradores do seu interior em conjunto com a Secretaria Municipal de Habitação, visto que a maioria deles ocupa uma área de risco, sujeita a alagamentos e sem infraestrutura adequada.

Estima-se que no município de São Paulo aproximadamente 1/4 da população mora ilegalmente em loteamentos clandestinos e favelas. Em alguns municípios periféricos da região metropolitana, essa proporção chega a 70% de excluídos[14]. Em termos absolutos, São Paulo é a capital brasileira com maior déficit habitacional (474 mil unidades), conforme apontado pela Fundação João Pinheiro (2013). Isso seguramente contribui para pressionar a ocupação de áreas naturais, como o PNMFC, o que reforça a ideia de que a gestão de uma área protegida urbana não pode estar desassociada das políticas públicas e da gestão dos demais temas que cercam a vida da cidade.

13 Processo nº 2011-0.314.210-7 da Secretaria Municipal de Habitação (Habi-7).

14 Frente de Luta por Moradia. Disponível em: <http://www.portalflm.com.br/tag/sao-paulo>. Acesso em: 13 de outubro de 2014.

2.1.2 Violência urbana

É inegável que a violência, em toda a sua plenitude, tem envolvido grande parte da sociedade mundial, e entre os fatores que levam ao seu aumento está o crescimento urbano desordenado[15]. Em razão do acelerado processo de êxodo rural, as grandes cidades brasileiras absorveram um número elevado de pessoas, fato que não foi acompanhado pela adequada infraestrutura urbana e políticas públicas que assegurassem direitos básicos dos cidadãos, o que contribui para o desencadeamento de uma série de problemas sociais graves. É nas grandes cidades brasileiras que se concentram os principais problemas sociais, como desemprego, desprovimento de serviços públicos assistenciais (postos de saúde, hospitais, escolas etc.), além da ineficiência da segurança pública.

Dessa forma, a violência urbana se insere como perspectiva auxiliar para o redimensionamento de papéis e competências de gestão de UCs (Peixoto et al., 2008). Em países em desenvolvimento, as áreas protegidas urbanas exibem extrema vulnerabilidade com relação aos seus recursos naturais, e frequentemente estão associadas a contextos sistemáticos de violência urbana, motivados tanto pelas pressões urbanas de uso do solo quanto pela exclusão social (Peixoto et al., 2005).

Essa situação é observada em todas as áreas que compõem os estudos de caso desta publicação, e sem dúvida representa um grande desafio à proteção e gestão delas. Um caso emblemático ocorre no PSB. Nas décadas de 1970 e 1980, o parque recebia caravanas provenientes de inúmeras cidades do Brasil e de várias regiões da cidade de Salvador. Nessa época, o PSB contava com alguma infraestrutura e recebia intensa visitação (com relatos de até 500 pessoas em um dia), principalmente associada aos rituais de religiões afro-brasileiras, dado que o parque é considerado um sítio sagrado para essas religiões. A área também era amplamente utilizada por moradores do entorno para atividades recreativas e de contemplação.

No entanto, o extenso período de abandono do local, associado ao aumento da criminalidade da região, afastou seus visitantes. Com o tempo a área passou a ser utilizada apenas por poucos moradores, que cortavam

15 Disponível em: <http://www.mundoeducacao.com/geografia/violencia-urbana-no-brasil.htm>. Acesso em: 13 de outubro de 2014.

caminho pelo parque (já que ele conecta diferentes bairros da região do Subúrbio Ferroviário), por pessoas que caçam, pescam ou coletam recursos (frutas, ervas e madeira) em seu interior e por alguns grupos praticantes das religiões de matriz africana, que hoje, por uma questão de segurança, frequentam sobretudo as regiões mais próximas às bordas do parque. Entrevistas realizadas com educadores de instituições de ensino localizadas no entorno do parque durante a elaboração do plano de manejo demonstraram que a maior parte das instituições nunca realizou atividades educacionais na área, e a falta de segurança é um dos principais motivos para isso (CONDER, 2013).

Durante o processo de elaboração do plano de manejo do PSB no ano de 2012, foram colhidos vários relatos de moradores e funcionários sobre os atos de violência que ocorreram no local. Estes envolviam a ocorrência de assaltos, a ocultação de cadáveres e a existência de grupos associados ao tráfico de drogas que dominam os bairros da região e utilizavam o interior do parque como esconderijo ou ponto de comercialização de seus "produtos". Essa problemática influenciou, inclusive, a dinâmica para atividades de diagnóstico no local, com todas as incursões à área sendo acompanhadas por um morador do entorno, que conhecia e indicava os locais "permitidos" para o trânsito e os horários adequados para a permanência em determinados sítios. Ainda assim, a equipe vivenciou situações de tensão, como uma abordagem que ocorreu a uma das equipes de campo por um grupo armado.

Em razão do histórico de violência da região onde o PSB está inserido, o Projeto Dias Melhores previu a construção de um Distrito Integrado de Segurança Pública (Disep) na entrada do parque, bem como a construção de uma sede da Companhia de Polícia de Proteção Ambiental (Coppa). O plano de manejo recomendou o estabelecimento de uma ação conjunta e de procedimentos integrados entre os funcionários da área responsáveis pelo patrulhamento e fiscalização e os membros do Disep e da Coppa, a fim de minorar não apenas os crimes ambientais, mas também os demais índices de violência no PSB e em seu entorno.

No PEPB também houve registro de áreas consideradas inseguras, muito vulneráveis à violência urbana, com forte atuação das milícias. "Milícia" é a designação genérica de organizações militares ou paramilitares, compostas por cidadãos comuns, armados ou com poder de polícia, que, teoricamente, não integram as forças armadas de um país. As milícias podem ser organizações oficiais mantidas parcialmente com recursos do Estado e em parceria com organizações de caráter privado, muitas vezes de legalidade duvidosa[16]. Recentemente, no Rio de Janeiro, o termo "milícia" foi associado a práticas ilegais, geralmente formadas em comunidades urbanas de baixa renda, como conjuntos habitacionais e favelas, sob a alegação de combater o narcotráfico, porém mantendo-se com recursos financeiros provenientes da venda de proteção à população[17]. Na região de Realengo, região norte do PEPB, moradores e funcionários relataram a ocorrência de milícias que controlam a região, e por vezes os pesquisadores que participavam do diagnóstico do plano de manejo da UC foram advertidos quanto à existência desses grupos, bem como sobre determinadas regiões em que a circulação deveria ser evitada (INEA, 2012a).

A segurança também é um elemento importante a ser considerado pela gestão do PNMFC. Durante os trabalhos de campo foi possível constatar dois pontos de venda de entorpecentes no entorno do parque e outras áreas no interior da UC que são usadas para consumo. Segundo funcionários da UC, entre os anos de 2009 e 2011 foram encontrados três cadáveres na área, assaltos em seu entorno imediato eram comuns, e até o seu cercamento eram comuns também as ocorrências de abandono e desmanche de carros em seu interior.

As invasões ao parque ainda têm sido relativamente frequentes, apesar dos esforços de fiscalização da unidade, integrados aos da Guarda Civil Metropolitana (CGM) que atende a Subprefeitura de Itaquera e das Polícias Militar e Civil (DPPC). Cabe ressaltar que essa integração e o trabalho conjunto entre a gestão do parque e as instituições de segurança pública são extremamente valiosos para avançar na resolução dos problemas relacionados à violência urbana. O plano de manejo do PNMFC reforça a importância dessa integração e também a necessidade da maior aproximação com os moradores do entorno, os quais podem se tornar aliados da UC em várias situações, desde que compreendam sua importância e os inúmeros benefícios que a área oferece.

16 Disponível em: <http://pt.wikipedia.org/wiki/Mil%C3%ADcia>. Acesso em: 16 de outubro de 2014.

17 Disponível em: <http://pt.wikipedia.org/wiki/Mil%C3%ADcia%28RiodeJaneiro%29>. Acesso em: 16 de outubro de 2014.

É importante salientar que a maior parte das informações sobre violência urbana nas UCs e em seu entorno imediato é bastante fragmentada e não está sendo registrada e sistematizada pela gestão dessas áreas, com exceção do PNMFC, que iniciou um esforço nesse sentido. Tentativas de levantamento de informações nos bancos de dados oficiais também não foram exitosas, já que o registro e qualificação dessas informações raramente identificam as UCs. De forma geral, a coleta dessas informações nas áreas de estudo foi realizada com base nas conversas, entrevistas, oficinas de diagnóstico e visitas às unidades.

A dificuldade de obter dados completos e mais precisos sobre as ocorrências e a inexistência de informações sistematizadas sobre o tema da violência nessas áreas protegidas indica que essa questão não tem sido objeto de uma ação mais direta da gestão e que esses aspectos tampouco têm sido monitorados. Além disso, reforça a necessidade de maior integração entre a administração dessas áreas e os órgãos responsáveis pela proteção e fiscalização nas cidades.

É inegável que esse tema representa, talvez, um dos maiores desafios para a gestão de áreas protegidas urbanas, pois restringe o acesso a determinadas áreas da UC para fins de pesquisa, fiscalização e uso público e compromete até mesmo a permanência e integridade de seus funcionários.

Há que se considerar, entretanto, que lidar com questões relacionadas à violência urbana não faz parte da rotina de uma UC e, em certa medida, ultrapassa as fronteiras da administração e gestão da unidade, de modo que muitos gestores e funcionários não estão preparados para confrontar essas situações. Mas não há dúvidas de que o estabelecimento de parcerias com instituições ligadas ao tema é fundamental, e, desse modo, gestores e funcionários de UCs urbanas também devem se preparar, monitorando essas ocorrências e estabelecendo procedimentos claros de interlocução quando confrontados com situações dessa natureza. Além disso, essas áreas precisam estar mais bem integradas com seu entorno, para ampliar as oportunidades de interações positivas com os moradores da região e visitantes, buscando diminuir as situações de tensão social nas quais se enquadra a questão da violência nas metrópoles. Medidas como essa foram sugeridas nos planos de manejo dessas unidades.

Ainda nesse sentido, Peixoto et al. (2005), que propõem a implementação de um novo conceito – os Parques Urbanos da Paz –, destacam que em áreas protegidas urbanas a estratégia para valorização da paz poderia se vincular à gestão como uma alternativa para se trabalhar o conflito e a cidadania.

Assim, a área protegida passaria a ter um valor simbólico ampliado, o que reforçaria o potencial da área não apenas como possibilidade de lazer e contato com a natureza, mas também como elemento central de qualidade de vida e dignidade para o cidadão urbano.

2.2 USOS CONFLITANTES

O uso direto dos recursos naturais, ou seja, todo aquele que envolve coleta e uso, comercial ou não, dentro do território de UCs de proteção integral, pode ser considerado um uso conflitante, isto é, incompatível com os objetivos de conservação para os quais a unidade foi criada. O uso, a captura, caça, pesca e extração de espécimes da fauna e da flora, a presença de determinados tipos de infraestrutura no território de uma UC (como estradas, linhas de transmissão etc.) são considerados usos conflitantes em categorias de manejo mais restritivas e impõem desafios para a gestão da área, demandando ações de manejo específicas.

2.2.1 A caça

Nos trópicos, a pressão de caça é exercida sobre diversos animais simultaneamente, mesmo sem o devido conhecimento do seu papel no ecossistema (Rowcliffe et al., 2003). Essa atividade vem sendo apontada como uma das principais razões pelas quais espécies são atualmente ameaçadas (Rowcliffe et al., 2003) e admite-se que algumas delas possam estar com suas populações reduzidas a tal ponto que não cumprem mais suas funções ecológicas, o que se configura como extinção ecológica, ou seja, a redução em abundância em níveis em que, mesmo estando presente, a espécie não interage significativamente com outras espécies (Pezutti, 2009).

A caça, associada a outros fatores, tem contribuído para o crescimento acentuado de um fenômeno conhecido como defaunação, ou seja, a diminuição acentuada de populações animais em áreas naturais. Um estudo realizado em cerca de 200 fragmentos de Mata Atlântica espalhados entre os estados de Minas Gerais, Bahia e Sergipe avaliou a presença de 18 espécies de mamíferos de grande e médio porte. As análises demonstraram que apenas quatro delas ainda ocorriam em fragmentos de até 5 mil hectares. E mesmo em polígonos de mata com áreas maiores, só sete espécies costumavam ocorrer juntas (Canale et al., 2012). Esse estudo evidencia que a defaunação avança a passos largos, representando um problema tão importante e difícil de controlar quanto o desmatamento. Além das consequências mais óbvias, como o risco de extinção, a defaunação preocupa porque pode desencadear uma série de efeitos ecológicos em cascata, como a perda de espécies-chave, que tende a afetar diversos outros animais e plantas, com repercussões que podem comprometer tanto o funcionamento normal de um ecossistema quanto os serviços ambientais que ele proporciona aos seres humanos, como a fertilidade do solo ou a abundância de água potável[18].

É importante salientar que no Brasil a caça de animais silvestres é proibida em todo o território, segundo a Lei de Proteção de Fauna nº 5.197/1967. Em 1988, com o advento da Lei de Crimes Ambientais (Lei nº 9.605/1988), a questão do abate da fauna para alimentação foi tratada no artigo 37, inciso I: "Não é crime abate de animal quando realizado para saciar fome do agente ou sua família". Contudo, não existe na esfera federal ou estadual uma regulamentação específica que trate da caça de subsistência. Nem mesmo as convenções internacionais das quais o Brasil é signatário, como por exemplo a Convenção sobre o Comércio Internacional das Espécies de Flora e Fauna Selvagens em Perigo de Extinção (CITES), tratam especificamente desse assunto (Amaral, 2012).

Hoje, um dos principais motivadores da caça, segundo Amaral (2012), seria o uso de seus produtos para a alimentação, seja como fonte de proteína, seja para a manutenção de costumes e tradições. Porém, somente aos povos indígenas o uso da fauna é garantido pela legislação vigente. O artigo 24, parágrafo II, da Lei nº 6.001/1973 diz que "É garantido ao índio o exclusivo exercício da caça e pesca nas áreas por ele ocupadas, devendo ser executadas por forma suasória as medidas de polícia que em relação a ele eventualmente tiverem de ser aplicadas". Esse direito também é reconhecido pela Constituição Federal em seu artigo 231 (Amaral, 2012).

O artigo 18 do SNUC, no parágrafo sexto, proíbe a caça amadorística e profissional em Reservas Extrativistas (Resex), mas não faz nenhuma menção

18 Revista da FAPESP. Disponível em: <http://revistapesquisa.fapesp.br/2014/09/16/com-floresta-sem-fauna/>. Acesso em: 10 de outubro de 2014.

em relação a isso para as Reservas de Desenvolvimento Sustentável (RDS), ambas categorias de uso sustentável, nas quais a presença de populações extrativistas é permitida. Em 2002, o Ibama publicou a Instrução Normativa nº 26/2002, que regulamenta o uso da fauna autóctone, não ameaçada de extinção, em Resex. Cabe ressaltar, no entanto, que essas prerrogativas se aplicam apenas a essas duas categorias de uso sustentável. Quando o assunto é UC de proteção integral, não há no SNUC ou em outras legislações instrumentos que tratem e/ou permitam a caça e aproveitamento da fauna autóctone.

No PEPB a caça preocupa os gestores da unidade e impacta sensivelmente a fauna nativa. Funcionários relatam a ocorrência da caça praticada, sobretudo, por moradores da área e do entorno que se deslocam pelos acessos informais presentes no local. Além da caça de subsistência, é provável que no PEPB também ocorra caça ligada a práticas esportivas e comerciais. Há informações sobre o uso de armadilhas de diversos tipos nas mais variadas localidades do parque, assim como denúncias de captura de aves e de outras espécies encaminhadas à administração da unidade (INEA, 2012a).

Quanto aos mamíferos, as espécies mais visadas no PEPB são os tatus (*Dasypus novemcinctus* e *Euphractus sexcinctus*), pacas (*Agouti paca*) e cotias (*Dasyprocta aguti*) (IEF, 2006), mas, segundo os funcionários da UC, outras espécies como mãos-peladas, gambás e teiús também são caçadas. Além disso, a preguiça-comum (*Bradypus variegatus*) historicamente vem sofrendo pressão e por isso teve sua população reduzida (INEA, 2012a). Quanto às aves, os urus (*Odontophorus capueira*), jacus (*Penelope superciliaris*), anatídeos e tinamídeos estão entre os grupos mais caçados. Além disso, a captura de aves para comércio ilegal de aves de gaiola vem afetando as populações de espécies como curiós, trinca-ferros e pitiguaris. Em entrevistas realizadas com 277 moradores do interior do parque durante a elaboração do seu plano de manejo, 1,8% (n = 5) alegam praticar caça, no entanto esse número deve ser maior, já que se presume que muitos podem não admitir a prática, por saber que se trata de atividade ilegal (INEA, 2012a).

Em 2010, uma operação de fiscalização comandada pela Secretaria de Estado do Ambiente (SEA) do estado do Rio de Janeiro, em parceria com o Batalhão de Polícia Florestal, foi realizada com o objetivo de reprimir a ação de caçadores no PEPB. Nessa ocasião foi apreendido um vasto material para caça, incluindo espingardas de grosso calibre, grande quantidade de apitos utilizados para atrair aves silvestres e equipamentos para permanência prolongada na mata (INEA, 2012a).

No entanto, a realização de ações de fiscalização para coibir a caça ainda é um gargalo no PEPB. Mesmo tendo um efetivo razoável de guarda-parques, o tamanho da unidade (mais de 12 mil hectares) e seus aproximadamente 217 quilômetros de perímetro dificultam o controle e monitoramento da caça e de outros crimes ambientais em seu território. Além disso, grande parte desse perímetro é ocupada por bairros e comunidades, e, na maioria dos casos, não há um marco físico que separe o "quintal" das pessoas da área da UC, tampouco sinalização adequada, o que agrava ainda mais esse cenário.

No PSB, as entrevistas realizadas durante o diagnóstico para a elaboração do plano de manejo mostraram que 6% (n = 9) dos 154 entrevistados que alegaram utilizar a área do parque afirmaram que praticam a caça de subsistência. Além disso, vários moradores do entorno relatam que a prática ocorre de forma intensa, e espécies como os tatus (*Dasypus novemcinctus* e *Euphractus sexcinctus*), teiús (*Tupinambis merianae*), sucuris (*Eunectes murinus*) e jiboias (*Boa constrictor*) estão entre as mais procuradas (CONDER, 2013).

Há ainda relatos de aves capturadas e mantidas em cativeiro. Espécies das famílias dos cracídeos e tinamídeos, por exemplo, já não são mais observadas no PSB. Muitas espécies nativas foram avistadas em gaiolas em casas de moradores no entorno do parque, a maior parte delas espécies canoras (que possuem valor econômico justamente em função do seu canto melodioso), como o coleirinho-baiano (*Sporophila nigricollis*), canário-da-terra-verdadeiro (*Sicalis flaveola*) e psitacídeos do gênero Aratinga (CONDER, 2013).

No PNMFC a ocorrência de caça também foi relatada por funcionários da UC e pelos participantes das oficinas de diagnóstico participativo realizadas durante a elaboração do plano de manejo. Nos anos de 2009, 2010 e 2011, quando o parque contava com um contrato de fiscalização (que foi rescindido em 2012), foram encontrados e registrados acampamentos e vestígios de caçadores na área. Entre as espécies cinegéticas que se destacam no PNMFC estão os tatus (*Dasypus novemcinctus* e *Euphractus sexcinctus*) e o jacuaçu (*Penelope obscura*), essa última considerada "quase ameaçada" de extinção para o estado de São Paulo (Decreto Estadual nº 56.031/2010). Outras espécies de aves que ocorrem no parque e que também estão vulneráveis à ação de caçadores em função do seu interesse comercial são o papagaio-verdadeiro (*Amazona aestiva*), o periquito-rico (*Brotogeris tirica*) e o periquitão-maracanã (*Aratinga leucophthalma*), utilizados como animais de estimação, além do trinca-ferro-verdadeiro (*Saltator similis*) e do coleirinho (*Sporophila caerulescens*), ambos apreciados como pássaros de gaiola (Prefeitura de São Paulo, 2014).

Os impactos da caça refletem-se na composição das comunidades da fauna local. Em todas as unidades observou-se uma incidência baixa de espécies com maiores níveis de sensibilidade ou com exigências de qualidade ambiental e a ausência quase total de animais de maior porte ou de seus vestígios, o que são indícios de um processo de extinção local. Essa situação acaba desencadeando um efeito em cascata, pois afeta os próprios processos ecológicos que ocorrem nessas áreas, interferindo em interações ecológicas, como dispersão, polinização e predação.

Alguns fatores comuns aos três parques mencionados possivelmente influenciam a ocorrência da caça, sendo um deles o contexto das populações que vivem dentro e no entorno das áreas, caracterizadas pela baixa renda e vulnerabilidade social e econômica. Outro fator importante é que a ação dos caçadores é facilitada pelo fácil acesso, pela ausência ou insuficiência de equipes de fiscalização constante e pela baixa incidência (ou ausência, em alguns casos) das ações de educação ambiental e de integração com as comunidades do entorno.

É importante destacar que durante a elaboração dos planos de manejo das três unidades não foi possível identificar o perfil dos caçadores, visto que nenhuma área contava com registros sistematizados a respeito das características da atividade, das espécies caçadas e dos locais com maior incidência. No entanto, relatos de funcionários e o contexto socioeconômico em que se inserem indicam que grande parcela da caça pode estar atrelada à questão da subsistência e, possivelmente, a questões culturais. No entanto, a caça com finalidade comercial também ocorre com certa frequência, sobretudo no caso das aves para criação em cativeiro.

Para diminuir a vulnerabilidade dessas UCs, bem como os prejuízos à fauna e a todo o ecossistema dos três parques, os planos de manejo recomendaram a ampliação das ações de fiscalização integradas às de outros órgãos que também atuem na região, o monitoramento das espécies cinegéticas e a implantação de bancos de dados com resultados de pesquisas e registros das atividades de fiscalização, ampliação das ações de educação ambiental endereçadas às populações do entorno para que estas possam compreender os efeitos deletérios da caça e a ampliação da integração dessas comunidades com a gestão das unidades, na busca de alternativas de desenvolvimento que promovam melhorias na qualidade de vida no entorno dessas UCs.

2.2.2 A pesca

A pesca também é uma atividade não permitida em unidades de proteção integral. No PEPB há registro de que ela ocorra em pequena escala em alguns locais, como o Açude Camorim, em geral praticada por moradores do entorno e por pessoas que vivem no próprio parque, com o viés esportivo ou para subsistência (INEA, 2012a). No PSB também houve registro da atividade, basicamente da espécie tilápia, realizada por moradores do entorno, mesmo com as condições precárias dos rios que existem em seu interior, em função da contaminação por esgoto (CONDER, 2013). Em entrevistas conduzidas com 348 moradores do parque e entorno durante a elaboração do plano de manejo, 154 alegaram utilizá-lo para diversas finalidades, e, desses, 26% (n = 40) afirmaram pescar no local.

No entanto, a unidade que apresentou a maior incidência de pesca foi a RBG. Na época de elaboração do seu plano de manejo, uma das principais atividades desenvolvidas em seu território era a pesca e a coleta de recursos do manguezal, conflitando com a sua categoria de manejo. Essa UC localiza-se a leste da Baía de Sepetiba, considerada um dos mais importantes ecossistemas aquáticos do estado do Rio de Janeiro, por constituir área de criação de peixes e crustáceos de importância econômica (Costa, 1992 *apud* Araújo et al., 1998). Muitas espécies de peixes marinhos utilizam a área da baía como berçário, área de reprodução e de alimentação (Albieri e Araujo, 2010), o que favorece a grande diversidade e abundância de peixes ali encontrados. Grande parte da pesca que ocorre na região é realizada na Baía de Sepetiba, no entanto, segundo informações levantadas durante a oficina de planejamento participativo do plano de manejo, cerca de 300 famílias utilizam a área para pesca e extração de recursos pesqueiros (camarão, peixe, caranguejo, ostra e mariscos) do manguezal. Em geral são pescadores artesanais que vivem nas imediações da unidade e que têm na pesca sua principal atividade econômica ou uma importante fonte de complementação da renda familiar (INEA, 2012b). Mas os rios e canais da RBG também têm sido palco para a prática da pesca esportiva e, em menor escala, para a pesca industrial. A intensa captura pode estar influenciando os estoques pesqueiros na região, fato que já vem sendo percebido por parte dos pescadores artesanais que frequentam a unidade e precisa ser monitorada. A **Figura 6** ilustra a atividade pesqueira que acontece no interior da RBG.

A extração de recursos pesqueiros na RBG representa um dos maiores desafios para os seus gestores, uma vez que o uso direto dos recursos é incompatível com sua categoria de manejo, que é uma das mais restritivas entre aquelas de proteção integral. Segundo o artigo 10 da Lei nº 9985/2000 (SNUC), uma Reserva Biológica tem como objetivo "a preservação integral da biota e demais atributos naturais existentes em seus limites, sem interferência humana direta ou modificações ambientais, excetuando-se as medidas de recuperação de seus ecossistemas alterados e as ações de manejo necessárias para recuperar e preservar o equilíbrio natural, a diversidade biológica e os processos ecológicos naturais".

Figura 6. Pesca no território da RBG. Barco com pescadores artesanais no Canal do Pedrinho. Fonte: Erika Guimarães.

A RBG está inserida em uma região com altos níveis de analfabetismo, pobreza e exclusão social, em que parte da população depende da atividade pesqueira para sua sobrevivência. Isso restringe a possibilidade de se proibir, de imediato, a pesca no local. Há que se considerar, ainda, que o crescimento e o avanço da urbanização na região de Guaratiba têm levado a uma mudança no cenário local, pressionando os manguezais por conta da ocupação desordenada, pela falta de infraestrutura urbana, como saneamento e coleta de lixo, contribuindo para alterar, também, o *modus vivendi* desses pescadores artesanais (INEA, 2012b). Para avançar na proteção da unidade sem, no entanto, expor as famílias a uma condição maior de vulnerabilidade, o plano de manejo da UC prevê a elaboração de um cadastro dos pescadores artesanais e o monitoramento participativo dessa atividade, para poder dimensionar seu impacto. Concomitantemente, previu-se a construção de um código de conduta para a pesca responsável na RBG, com a participação do órgão gestor da UC e das colônias de pescadores envolvidas, até que se possa construir uma transição para a completa eliminação da atividade pesqueira na reserva, em longo prazo.

2.2.3 Extração de recursos florestais madeireiros e não madeireiros

Não é difícil supor que a cobertura vegetal de um remanescente de floresta imerso em uma área urbana seja pressionada pelo desmatamento. Mas, além disso, outros usos extrativistas de produtos de origem florestal também representam uma fonte de pressão.

As entrevistas realizadas com 277 moradores do interior do PEPB durante a elaboração do seu plano de manejo identificaram que 7,2% (n = 20) utilizavam o parque para extração de frutas, 9,38% (n = 26) para coleta de ervas e 1,08% (n = 3) para extração de madeira, com concentração dessas atividades nas vertentes norte e oeste. É preciso considerar, no entanto, que esse número pode ser ainda maior, pois alguns entrevistados podem ter omitido informações por ter conhecimento de que essas práticas não são permitidas na área.

No PNMFC, apesar de ter sido constatada a existência de atividades de extração de madeira em alguns pontos do parque, essa prática parece ocorrer em menor intensidade. Isso se deve, possivelmente, à menor extensão da UC, à maior presença de funcionários percorrendo a área e à existência de muros e gradis em seu entorno, que dificultam o acesso.

Já no PSB foram observados diversos usos extrativistas, tais como: i) a extração de ervas e outras plantas utilizadas nos rituais sagrados das religiões de matriz africana e de outras religiões; ii) a coleta de frutas como jaca, cajá, caju etc., para consumo familiar e comercial; e iii) a extração de madeira, em geral de árvores jovens, que é utilizada para construção e reparo de moradias, bem como para a confecção de fogueiras durante as festas de São João, muito tradicionais no Nordeste do Brasil. Durante as oficinas de diagnóstico, funcionários e moradores do entorno relataram a ocorrência de exploração ilegal de madeira na área para a produção de carvão e lenha, sendo que indícios dessa atividade também puderam ser observados durante levantamentos de campo (CONDER, 2013).

Nas entrevistas realizadas com 348 pessoas (209 moradores do interior do parque e 139 do entorno imediato), 56% (n = 195) afirmaram que não fazem nenhum tipo de uso da área, enquanto 44% (n = 153) disseram que o utilizam. Entre os que utilizam a área, 58% (n = 89) alegaram coletar frutos no local.

Todos esses usos relatados representam um impacto adicional para o parque e precisam ser dimensionados e equacionados. Não foi possível precisar, durante o diagnóstico do plano de manejo do PSB, a quantidade de produtos coletados, assim como o nível de dependência econômica que esses moradores têm dos recursos florestais, mas esses elementos foram indicados como temas prioritários para estudo pelo documento e devem ser alvo de um inventário mais preciso futuramente (CONDER, 2013).

Um aspecto bastante peculiar do PSB é a intensa coleta de ervas, folhas, raízes e caules para rituais religiosos. Nesse sentido, o plano de manejo reforçou a importância da implantação de um horto etnobotânico (espaço destinado ao cultivo de plantas utilizadas pela comunidade para fins medicinais ou religiosos, com a valorização dos saberes locais). O estabelecimento desse horto já vinha sendo discutido com a comunidade local antes mesmo do início da elaboração do documento, com a destinação de um espaço para a sua construção nos limites da área. Outra recomendação que se fez durante o processo de elaboração do plano de manejo do parque foi a respeito da realização de um planejamento específico para os usos religiosos que ocorrem no PSB, incluindo uma problematização sobre a extração de plantas para os rituais religiosos, a fim de se conciliar as demandas socioculturais com a conservação desse fragmento de Mata Atlântica. Esse assunto será abordado com maior profundidade no Capítulo 3, na seção que trata dos usos religiosos.

Vale ressaltar que o desmatamento e a prática de extrativismo dentro dessas UCs representam um conflito de uso, consistindo em ameaças para o processo natural de regeneração da floresta. Considerando a fragilidade natural dessas áreas relacionada ao seu tamanho e o isolamento de outros remanescentes florestais, a extração de recursos florestais torna-se um fator adicional de pressão, que interfere na conservação dessas áreas. Outras medidas sugeridas pelos planos de manejo dessas UCs para combater essas práticas são bastante similares às sugeridas para o combate da caça, e envolvem ações de fiscalização e educação ambiental.

2.3 INFRAESTRUTURA URBANA EM UNIDADES DE CONSERVAÇÃO

A presença de infraestruturas urbanas no interior de UCs também é considerado um uso conflitante, dado que não se relacionam com seus objetivos de criação e gestão. Essas estruturas geralmente são geradoras de impactos significativos nessas áreas e causam uma série de conflitos relacionados à sua implantação e manutenção. Em algumas situações já estavam implantadas no local anteriormente à criação das UCs e em outras foram instaladas posteriormente. O fato é que, apesar de ser altamente recomendável que não sejam implantadas novas estruturas nessas áreas, na maioria das vezes é muito difícil evitá-las completamente.

2.3.1 Infraestruturas lineares

As infraestruturas lineares constituem as estradas, ferrovias, linhas de transmissão de energia, oleodutos, gasodutos, redes de esgoto, entre outras. Essas estruturas têm um reconhecido impacto sobre a fauna e a flora, sendo um relevante fator de ameaça para a conservação de populações e espécies. Segundo Bager et al. (2007), rodovias e outros empreendimentos lineares têm sido apontados como um dos principais fatores de impacto antrópico sobre a conservação da biodiversidade. Os impactos que produzem são advindos da sua implantação em áreas naturais, acarretando perda de *habitat* e de biodiversidade, mas perduram durante sua operação por meio do efeito de borda, atropelamentos, poluição sonora, introdução de espécies exóticas, entre outros.

Linhas de transmissão (LT) de energia elétrica são exemplos de infraestruturas lineares que, assim como outras infraestruturas urbanas, deflagram um conflito quando instaladas no interior de uma UC. A Portaria nº 421/2010 do Ministério do Meio Ambiente prevê uma série de procedimentos necessários ao licenciamento desse tipo de infraestrutura e trata das especificidades quando as LTs afetam UCs de proteção integral, entre elas a exigência de EIA/RIMA e das medidas compensatórias, previstas também no artigo 36 da Lei nº 9.985/2000 (SNUC), que determina: "Nos casos de licenciamento ambiental de empreendimentos de significativo impacto ambiental, assim considerado pelo órgão ambiental competente, com fundamento em estudo de impacto ambiental e respectivo relatório - EIA/RIMA, o empreendedor é obrigado a apoiar a implantação e manutenção de unidade de conservação do Grupo de Proteção Integral, de acordo com o disposto neste artigo e no regulamento desta Lei".

O PEPB é cortado por inúmeras LTs (**Figura 7**). A vertente norte, na região conhecida como Pau da Fome, e a vertente leste do parque

Figura 7. Linhas de transmissão no interior do PEPB.
Fonte: Angela Pellin.

têm suas paisagens alteradas em razão da instalação de LTs de duas empresas diferentes. Essas linhas foram instaladas em regiões que hoje são consideradas as mais íntegras do parque e que contemplam a maior parte das áreas de floresta em estágio médio e avançado de regeneração (INEA, 2012a).

A presença dessas estruturas resulta na fragmentação dessas regiões, não apenas por conta do desmatamento realizado para a instalação das torres, como também em razão da abertura de aceiros e acessos para facilitar a sua manutenção. Esses aceiros (muitas vezes realizados sem técnicas adequadas) têm ocasionado processos erosivos e também facilitam o acesso às áreas internas da UC, aumentando o risco de incêndio e a ocorrência de outras atividades incompatíveis com a conservação do local (INEA, 2012a).

As LTs também estão presentes no PNMFC, cortando a unidade no sentido norte-sul, e, assim como no PEPB, contribuem para a fragmentação da área. Existe ainda uma faixa de oleoduto instalada na extremidade leste do parque. Embora esses serviços sejam considerados essenciais e, em função disso, essas áreas sejam declaradas de utilidade pública, cabe uma reflexão sobre a compatibilidade da instalação desse tipo de infraestrutura em UCs. Seria altamente recomendável que, após a criação de uma UC e diante da necessidade de implantação dessas infraestruturas, fossem realizados estudos considerando alternativas locacionais e visando minimizar os impactos sobre essas áreas sempre que possível.

Cabe destacar que, mesmo que essas infraestruturas tenham sido implantadas antes da criação dessas UCs e da promulgação do SNUC, é necessário reconhecer que existe um passivo ambiental e discutir medidas de mitigação dos impactos desse tipo de infraestrutura em áreas protegidas. Também é necessário evoluir nas discussões sobre o estabelecimento de mecanismos financeiros e outras estratégias de colaboração com as empresas concessionárias dessas infraestruturas, para compensar as unidades, especialmente no momento de renovação das licenças de operação, conforme o previsto na legislação ambiental[19].

Os planos de manejo dessas UCs apresentam algumas recomendações para avançar nessa direção, as quais incluem o estabelecimento (por parte

19 Ver Portaria nº 421/2010 do Ministério do Meio Ambiente, que dispõe sobre o licenciamento e a regularização ambiental federal de sistemas de transmissão de energia elétrica e dá outras providências.

dos gestores das unidades) de critérios adequados para a manutenção dessas áreas, que deveria ocorrer com o acompanhamento de funcionários das UCs, e o estabelecimento de indicadores para o monitoramento dos impactos dessas infraestruturas. Outra questão bastante relevante é que não existem pesquisas sobre o impacto das LTs na fragmentação florestal, tampouco uma avaliação qualitativa e quantitativa sobre o impacto da emissão de correntes elétricas de alta voltagem para os diversos componentes da fauna e flora local. Além disso, são necessários estudos de valoração econômica dos danos causados por essas infraestruturas e uma avaliação jurídica para determinar a possibilidade de estabelecimento de indenização ambiental por danos já causados e a compensação financeira pela infraestrutura das LTs instaladas no interior dessas áreas.

As estradas são as infraestruturas lineares mais comuns a afetar áreas naturais e, consequentemente, áreas protegidas. Uma pesquisa realizada com 237 UCs de diferentes esferas e categorias demonstrou que apenas 17% dessas áreas não possuíam estradas em seu interior, sendo que a maioria possuía mais de duas estradas e muitas delas apresentavam trechos em que os veículos desenvolviam velocidades superiores a 80 km/h. Os principais impactos indicados para essas áreas foram a fragmentação e degradação de *habitats*, atropelamento de fauna, afugentamento de espécies, introdução de espécies exóticas e o aumento das atividades de caça, pesca e extração de outros recursos. Destaca-se que atropelamentos da fauna foram identificados em 74% dessas áreas (Lima, 2013).

Entre as UCs estudadas, o caso mais emblemático foi observado no PEPB, que é atravessado, em diferentes trechos, por cinco vias principais que proporcionam a interligação dos bairros do entorno, com duas avenidas de grande circulação: a Avenida da Grota Funda/das Américas (que liga os bairros de Vargem Grande e Guaratiba) e a Avenida Estado da Guanabara (que liga os bairros de Grumari e Guaratiba), além da Estrada das Tachas (que liga Guaratiba ao bairro de Campo Grande), a Estrada dos Teixeiras (que liga Taquara ao bairro de Realengo) e a Estrada do Viegas (que conecta Campo Grande a Bangu) (**Figura 8**) (INEA, 2012a).

O PSB é cortado pela antiga Estrada do Cobre, considerada uma via oficial do município. O uso dessa estrada ficou reduzido nos últimos anos devido à falta de manutenção e também pelo fato de ser considerada insegura pelos moradores do entorno, mas, mesmo assim, muito lixo foi observado no local. No entanto, devido às obras de infraestrutura que foram implementadas no PSB (como parte do Projeto Dias Melhores, conduzido pelo CONDER), como a abertura e impermeabilização de trilhas, construção de centros de referência, entre outras, a estrada voltou a apresentar uso mais intenso. Desse modo, o plano de manejo do parque recomendou a articulação com a prefeitura para avaliar a possibilidade de anulação dessa estrada como via pública, fomentando apenas seu uso interno (CONDER, 2013).

Já o PNMFC é composto por dois fragmentos distintos, que são cortados pela Rua Jacu-Pêssego. Essa área recebe uma grande quantidade de descarte de resíduos que interferem na qualidade ambiental do local. As medidas propostas para essas infraestruturas são similares àquelas sugeridas para as linhas de transmissão, diferenciando-se principalmente

Figura 8. Avenida das Américas cortando a Serra da Grota Funda, no interior do PEPB. Ao lado podem-se ver as obras para construção do Túnel da Grota Funda. Fonte: Angela Pellin.

pela necessidade de sinalização da UC e demarcação clara de seus limites para os usuários das estradas, além de implantação de redutores de velocidade em locais adequados e, em alguns casos, guaritas de controle.

Além das estradas, no PNMFC também foram construídas escadas hidráulicas pela Prefeitura Municipal, com a finalidade de controlar a instabilidade natural do terreno, gerada pelo aporte de águas pluviais. Essas infraestruturas foram construídas no período de criação do parque, em 2003, mas atualmente se observa que elas promovem impactos negativos, visto que drenam para dentro do parque, além de água, quantidades razoáveis de esgoto e entulhos advindos dos bairros limítrofes. Existem pelo menos oito dessas escadas espalhadas pelo território do PNMFC (Prefeitura de São Paulo, 2014).

2.3.2 Estruturas de captação de água

A proteção de recursos hídricos e a manutenção da sua disponibilidade para fins de abastecimento público foram importantes motivações para a criação de diversas áreas protegidas no Brasil e no mundo. Essas áreas, principalmente quando localizadas em áreas urbanas ou em suas imediações, prestam um importante serviço ambiental como produtoras de água e contribuem para o abastecimento de uma parcela da população que vive nas grandes metrópoles.

O PEPB é um exemplo disso. Lá existem áreas de captação de água para abastecimento público. No entanto, em algumas épocas do ano, a captação utiliza a totalidade dos recursos hídricos de alguns rios localizados no interior do parque, impactando fortemente os organismos aquáticos. Essa situação representa um conflito de uso, que é ainda mais agravado pelo fato de a água ser captada em áreas que apresentam grande beleza cênica e potencial para recreação e atividades de uso público que, no entanto, ficam impossibilitadas de ser utilizadas para banho e até mesmo contemplação. Esse é o exemplo das cachoeiras do Batalha e do Quinino, cujo acesso é controlado pela Companhia Estadual de Águas e Esgotos (CEDAE), responsável pela captação (INEA, 2012a).

Se por um lado o parque contribui para o fornecimento de um importante serviço ambiental para a sociedade, como produtor de água, por outro essa atividade é responsável por fragmentar ambientes aquáticos devido à instalação de barragens e à captação de grandes volumes de água em épocas de estiagem, o que provoca a interrupção do curso da água em alguns locais (INEA, 2012a).

O artigo 47 do SNUC prevê que: "O órgão ou empresa, público ou privado, responsável pelo abastecimento de água ou que faça uso de recursos hídricos, beneficiário da proteção proporcionada por uma unidade de conservação, deve contribuir financeiramente para a proteção e implementação da unidade, de acordo com o disposto em regulamentação específica". Considerando que o sistema de captação para abastecimento público foi implantado antes de a área ter sido declarada como UC, e como uma parcela dos cidadãos depende da água captada no parque, a unidade precisa administrar esse passivo ambiental e avaliar a melhor maneira de conviver com ele. Assim como no caso das LTs, é preciso criar mecanismos que minimizem os impactos decorrentes dessa atividade e que permitam ao PEPB receber a devida compensação por ela. Nesse sentido, o plano de manejo recomendou o estabelecimento de alguns estudos e normas específicas para as atividades da CEDAE no interior da área, visando ocasionar o menor impacto possível sobre os recursos hídricos e a biodiversidade e minimizar os conflitos relacionados à captação de água em uma área com potencial de uso público. Além disso, o documento propôs o estabelecimento de um termo de cooperação com a CEDAE para desenvolvimento de parcerias em ações de fiscalização e educação ambiental nessa área.

É preciso destacar ainda que moradores realizam captações informais de água diretamente dos cursos de água do parque. Nas entrevistas realizadas com moradores para o plano de manejo, 8% (n = 28) dos entrevistados alegaram captar água de rios e córregos da UC, mas a quantidade de tubulações que se observa nas diversas regiões da unidade leva a crer que o número pode ser muito superior. Isso evidencia o conflito existente entre a captação de água e a conservação da biodiversidade local. Nesse caso foi recomendada a realização de um diagnóstico mais aprofundado para identificar todas as áreas e o volume dessas captações, as quais deverão ser desativadas após negociação com a comunidade e a CEDAE para definição de medidas alternativas de abastecimento de água para essas famílias.

A situação relatada para o PEPB está longe de ser um caso isolado. A captação de água por empresas de abastecimento público e por moradores também é uma prática no Parque Nacional da Tijuca, e, diante da atual crise hídrica que vários estados estão enfrentando, o governo do Rio de Janeiro já declarou o interesse em ampliar a captação de água dos rios que nascem no parque como alternativa para reduzir a dependência da cidade em relação ao Sistema Guandu[20].

2.4 ASPECTOS ECOLÓGICOS RELACIONADOS ÀS ÁREAS PROTEGIDAS URBANAS

O processo global de fragmentação de *habitats* é, possivelmente, a mais profunda alteração causada pelo homem ao meio ambiente. Muitos ambientes naturais que eram quase contínuos foram transformados em paisagens semelhantes a um mosaico, composto por manchas isoladas de *habitat* original (Cerqueira et al., 2003). No meio urbano esse fenômeno torna-se ainda mais evidente, com a criação de verdadeiras ilhas de vegetação nativa em meio às cidades.

A urbanização também transforma as características naturais dos ambientes e altera as condições de vida dos organismos, gerando novas pressões de seleção e adaptação que afetam diretamente as áreas naturais. Entre as modificações observadas estão os índices de luz solar incidente, umidade, precipitação, velocidade e direção dos ventos, fluxos hídricos e características do solo. Nas cidades costuma haver acúmulo de fósforo, nitrogênio e metais, que podem se infiltrar na água superficial e subterrânea. O escoamento superficial urbano, contendo poluição com nutrientes oriundos de esgotos orgânicos e outros efluentes, contamina cursos hídricos e leva à eutrofização. O meio urbano também pode ocasionar o aumento na temperatura do ar ambiente, que costuma ser entre 2 e 5º C maior que nas áreas rurais circundantes, causando um fenômeno conhecido como ilha de calor urbana, atualmente exacerbado pelas mudanças climáticas. Também ocorrem elevações em concentrações atmosféricas de dióxido de carbono,

20 Governo do Rio pretende buscar água na Floresta da Tijuca. Disponível em: <http://agenciabrasil.ebc.com.br/geral/noticia/2015-01/governo-do-rio-pretende-buscar-agua-na-floresta-da-tijuca>.

metano e ozônio e na deposição de nitrogênio (Secretariado da Convenção sobre Diversidade Biológica, 2012).

As áreas naturais remanescentes são afetadas por essas modificações e passam a sofrer as consequências diretas e indiretas dos problemas resultantes da fragmentação. O isolamento dessas áreas, circundadas por uma matriz altamente impermeável, quase sempre impede qualquer tipo de troca genética entre as populações da grande maioria das espécies da fauna e da flora ali presentes com populações localizadas em outros remanescentes. Esse isolamento, associado a questões como o tamanho, forma e efeito de borda sobre o fragmento, desencadeia processos de perda da biodiversidade em consequência dos efeitos da própria insularização (Fernandez, 1997). Estudos ressaltam ainda alterações nas taxas de sucessão que ocorrem nos ecossistemas urbanos, mantidos intencionalmente em estágios iniciais ou intermediários, e modificações da estrutura trófica de fragmentos urbanos, com carência de predadores de topo e dominância de generalistas e onívoros (Secretariado da Convenção sobre Diversidade Biológica, 2012).

Nesse sentido, alguns autores listam uma série de fatores que afetarão a biodiversidade de um fragmento e que precisam ser considerados para a conservação desses remanescentes em longo prazo, tais como: i) a área necessária para as espécies manterem populações mínimas viáveis; ii) a capacidade do fragmento em manter uma heterogeneidade ambiental; iii) a permeabilidade da matriz e como ela afeta cada espécie; iv) o tempo de isolamento do fragmento; v) como o efeito de borda atinge cada espécie; e vi) o grau de conectividade entre a UC e outros remanescentes (Fahrig, 2003; Paglia, 2006).

Todas as UCs que compõem este estudo estão localizadas no domínio da Floresta Atlântica, a formação vegetal que vem sofrendo maior impacto da ação antrópica no Brasil, estando atualmente reduzida a cerca de 12,5% da sua cobertura original (Fundação SOS Mata Atlântica e Instituto Nacional de Pesquisas Espaciais, 2014). A Floresta Atlântica é classificada como um dos 34 *hotspots* mundiais para conservação da diversidade biológica, que são áreas de extraordinária diversidade e concentração de espécies endêmicas e que vêm sofrendo elevada e rápida perda de *habitat* (Myers et al., 2000; Mitermeier et al., 2005).

Tanto o PEPB quanto a RBG, o PSB e o PNMFC contribuem para a conservação da biodiversidade e produção de serviços ecossistêmicos valiosos para a população das cidades onde estão localizados. No entanto, as pressões e ameaças que incidem sobre essas unidades e os desafios que elas enfrentam para manutenção dos seus ambientes naturais são inúmeros.

O PSB, por exemplo, está inserido na APA de São Bartolomeu e sua face norte está conectada com a represa e a área de floresta protegida pela Empresa Baiana de Saneamento (EMBASA) (**Figura 9**). No entanto, as faces sul, leste e oeste da UC estão sob intensa pressão de ocupação antrópica – seus bairros de entorno apresentaram, no ano de 2010, médias entre 10.000 e 20.000 habitantes por quilômetro quadrado (CONDER, 2013).

No entorno do PEPB também se observa situação similar (**Figuras 10** e **11**). O bairro de Padre Miguel, que faz fronteira com o parque, apresentava em 2010 cerca de 13.000 habitantes por quilômetro quadrado (INEA, 2012a). Em um estudo na região, Costa et al. (2011) realizaram o

Figura 9. Contexto urbano em que se insere o PSB, no Subúrbio Ferroviário de Salvador.

Figura 10. Vista do PEPB e da cidade do Rio de Janeiro a partir do núcleo Piraquara, Mirante da Pedra "Jesus Vem". Fonte: Angela Pellin.

monitoramento do uso do solo em um raio de 1 quilômetro no entorno da UC, utilizando técnicas de interpretação visual de imagens de satélite. A comparação entre os percentuais das classes de uso do solo entre 2004 e 2008 demonstrou que houve um aumento significativo de áreas urbanizadas, que saltaram de 31,9% para 42,2%, ao passo que áreas de campo reduziram de 32,1% para 19,2%, demonstrando o rápido avanço da urbanização em direção à área. O parque também apresenta, em seu interior, áreas urbanas consolidadas (0,36 hectare) e não consolidadas (51,20 hectares), edificações isoladas (18,92 hectares) e favelas (22,50 hectares) (INEA, 2012a).

Essa realidade também se aplica ao PNMFC. No entorno da UC, o bairro de Itaquera alcança uma densidade populacional de mais de 14.000 habitantes por quilômetro quadrado (**Figura 12**). As análises comparativas do uso e ocupação do solo entre os anos de 2002 e 2012 não demonstraram alterações significativas nas classes. No entanto, em 2012 as classes naturais de uso do solo correspondiam a apenas 28,5%, com a predominância absoluta de usos antrópicos na região (Prefeitura de São Paulo, 2014).

O PNMFC é um remanescente de vegetação secundária, cujas espécies, em sua maioria, compõem um gradiente sucessional de estádio médio que já sofreu diversos impactos ao longo dos anos, como a substituição da vegetação nativa por reflorestamento de eucalipto e o corte raso ou seletivo da vegetação. A intensidade desses impactos pode ser verificada, por exemplo, na composição da avifauna, com espécies mais sensíveis a mudanças, como as pertencentes às famílias Thamnophilidae, Dendrocolaptidae, Cracidae e Tinamiformes, pouco presentes ou até mesmo ausentes, com exceção de algumas poucas espécies (e.g. *Myrmeciza squamosa* e *Penelope obscura*). Por outro lado, pode-se constatar o aumento da abundância de espécies típicas de ambientes abertos e/ou sinatrópicos, como o urubu-de-cabeça-preta (*Coragyps atratus*), o quero-quero (*Vanellus chilensis*) e o tiziu (*Volatinia jacarina*), além do aumento no número de espécies de bordas florestais, como

Figura 11. Vertente norte do PEPB e sua interface com o Bairro de Realengo. Fonte: Angela Pellin.

Figura 12. Contexto urbano em que se insere o PNMFC.
Fonte: Arquivo SVMA.

o pitiguari (*Cyclarhis gujanensis*) e o neinei (*Megarynchus pitangua*). A presença de trilhas clandestinas, linhas de transmissão de energia e a estrada que corta o parque contribuem para os efeitos relacionados à fragmentação do *habitat* e ainda facilitam o acesso de pessoas à UC para prática de usos não permitidos (Prefeitura de São Paulo, 2014).

Outro aspecto que chama atenção no caso do PNMFC é o grande fluxo de automóveis e caminhões nas avenidas e ruas do seu entorno, que acarreta o aumento do nível de pressão sonora sobre a avifauna local. As aves dependem de sinais acústicos para estabelecer e manter territórios, atrair parceiros e manutenção dos casais e integração social. Apesar dos poucos estudos disponíveis sobre esse tópico na literatura, a pressão do ruído pode prejudicar a eficiência dos sistemas de comunicação acústica das aves, com alteração na frequência de canto, diminuição de vocalização, aumento na taxa de predação e diminuição do sucesso reprodutivo (Prefeitura de São Paulo, 2014).

No PSB a vegetação também se encontra bastante alterada e são vários os fatores que comprometem a integridade da floresta, como o grande efeito de borda, presença marcante de espécies exóticas, retirada seletiva de madeira, pressão urbanística, falta de saneamento básico no entorno e pouca conectividade com remanescentes florestais adjacentes. Sua vegetação é inteiramente secundária, em diversos estágios sucessionais, o que reflete na baixa densidade de indivíduos por área, pequena diversidade florística por hectare e baixa potencialidade produtiva da floresta (CONDER, 2013).

Todos esses elementos impactam sensivelmente a biodiversidade local. Estima-se que a Bacia do Cobre abrigue pelo menos 14 espécies de mamíferos, entretanto apenas três espécies foram avistadas no parque durante o diagnóstico do plano de manejo: o cachorro-do-mato (*Cerdocyon thous*), o preá (*Cavia aperea*) e o sagui-de-tufos-brancos (*Callithrix jacchus*) (CONDER, 2013). Aparentemente, algumas espécies de mamíferos, como cutias, esquilos, pacas e algumas aves, parecem estar extirpadas localmente. Sem a dispersão e a predação das sementes, os processos ecológicos naturais de uma floresta ficam estagnados, comprometendo sua permanência em longo prazo. Esse processo é conhecido como "Síndrome da Floresta Vazia", termo criado por Redford (1992) para situações em que a ausência da fauna, que interage com as plantas, compromete os processos naturais que sempre ocorreram antes da intervenção do homem. A quebra desses processos determina a extirpação lenta e gradativa de espécies de plantas que dependem desses animais para sua dispersão.

O PEPB, apesar de apresentar uma área expressiva se comparada às outras UCs analisadas, também possui registros de algumas espécies que desapareceram da região e outras que tiveram uma diminuição populacional ao longo dos anos. É o caso, por exemplo, do uru (*Odontophorus capueira*), que hoje apresenta apenas uma população residual no núcleo Pau da Fome. Essa redução se deu, principalmente, devido à ação de caçadores na região (INEA, 2012a). Não existem trabalhos de pesquisa na unidade com ênfase em médios e grandes mamíferos, mas, ao que tudo indica, é bastante improvável que existam espécies de maior porte no interior da UC.

Outro aspecto que chama bastante atenção é a incidência de espécies exóticas. O aumento da urbanização propicia a ampliação do número e a disseminação de espécies exóticas invasoras, aumentando a frequência de eventos de introdução e criando áreas de *habitats* perturbados, um ambiente propício para espécies exóticas se estabelecerem. Existe uma variedade de espécies "cosmopolitas" generalistas habilidosas, que estão presentes na maioria das cidades do mundo. Ao mesmo tempo, a urbanização muitas vezes leva à perda de espécies "sensíveis", que dependem de porções maiores e mais naturais de seus *habitats*. A combinação desses fatores leva à "homogeneização biótica" (Secretariado da Convenção sobre Diversidade Biológica, 2012).

Todas as áreas que embasaram as discussões deste livro sofrem com a presença de espécies exóticas em maior ou menor grau. No PEPB foram observadas 35 espécies vegetais exóticas, sendo alguns exemplos o comigo-ninguém-pode (*Dieffenbachia amoena* e *D. picta*), o beijinho (*Impatiens walleriana*), a casuarina (*Casuarina equisetifolia*), a jaqueira (*Artocarpus heterophyllus*), a braquiária (*Brachiaria mutica*) e o eucalipto (*Eucalyptus* sp.). Quanto à fauna, foram registradas cinco espécies de peixes exóticos (barrigudinho - *Poecilia mexicana* e *P. reticulata*, peixe-espada - *Xiphophorus helleri*, tilápia - *Oreochromis niloticus* e *Tilapia rendalli*), a lagartixa-de-parede (*Hemidactylus mabouia*), o sagui-de-tufos-brancos (*Callithrix jacchus*), a ratazana (*Rattus norvegicus*), a garça-vaqueira (*Bubulcus ibis*), o pombo-doméstico (*Columba livia*) e o pardal (*Passer domesticus*) (INEA, 2012a). Outras espécies da fauna, no entanto, têm se beneficiado da crescente urbanização no entorno do PEPB. Segundo funcionários do parque, houve um aumento significativo das populações de jararacas. Isso deve estar ocorrendo em função do acúmulo de lixo urbano na região, que proporcionou, por sua vez, a ampliação das populações de ratazanas (*Rattus rattus*), que servem de alimento para a espécie (INEA, 2012a).

O PSB também é afetado pela grande incidência de espécies exóticas da fauna e da flora, e, assim como no PEPB, a jaqueira (*Artocarpus heterophyllus*) é abundante. Trata-se de uma espécie nativa do Sudeste Asiático, que provavelmente foi introduzida há centenas de anos na área onde hoje se localiza o parque. Essa foi a espécie arbórea mais abundante e de maior porte encontrada no PSB e nas florestas adjacentes (CONDER, 2013). Alguns estudos têm demonstrado que a presença da jaqueira causa significativas alterações na riqueza, na diversidade e nos solos das áreas em que elas estão presentes (Fabricante et al., 2012). Além disso, em áreas onde é grande a incidência de jaqueiras, um número inexpressivo de plântulas de outras espécies nativas é observado, levando a supor algum tipo de ação alelopática (Abreu, 2003), que inibe o desenvolvimento das demais espécies nativas, comprometendo o processo de regeneração natural da floresta (CONDER, 2013).

No entanto, o diagnóstico do plano de manejo constatou que a comunidade local possui uma relação cultural com as jaqueiras do parque e considera inconcebível seu manejo e corte, mesmo se tratando de uma espécie exótica invasora. Muitos moradores do entorno que têm situação econômica bastante delicada coletam seus frutos para consumo e venda para complementação da renda familiar (**Figura 13**). Isso demandou a proposição de medidas especiais no plano de manejo da área, como a realização de um cadastro de todos os coletores e o estabelecimento conjunto de um plano de coleta do fruto, acompanhado de um plano de monitoramento dos impactos da atividade e de controle de suas plântulas, a fim de evitar o estabelecimento de novos indivíduos, visando sua eliminação gradual em longo prazo.

Figura 13. Morador do entorno do PSB coletando frutos de jaqueira no interior do parque. Fonte: Angela Pellin.

Espécies invasoras e agressivas, como as braquiárias do gênero Urochloa e a mamona (*Ricinus communis*), também são bastante incidentes no PSB e podem impedir a regeneração de espécies nativas. Essas espécies estão distribuídas ao longo de extensas áreas do interior do parque, não se restringindo apenas às áreas de borda.

Em relação à fauna exótica, cabe destaque para a presença do sagui-de-tufos-brancos (*Callithrix jacchus*), que também tem presença marcante no PEPB. Essa é uma espécie exótica originária da região Nordeste, ao norte do Rio São Francisco, que atualmente pode ser encontrada em quase todas as áreas urbanas do Nordeste e do Sudeste do Brasil (Silveira et al., 2007). No PSB sua densidade foi estimada em 23 grupos (4 a 8 indivíduos)/km^2. Esse número é três vezes maior que a densidade em fragmento de mais de 1.000 hectares no Nordeste brasileiro, onde sua ocorrência é nativa (Silveira et al., 2007) e deve ser motivada pela falta de competidores locais e predadores (CONDER, 2013). Outras espécies exóticas registradas no PSB incluem o pardal (*Passer domesticus*), o pombo-doméstico (*Columba livia)*, o bico-de-lacre (*Estrilda astrild*), a lagartixa-de-parede (*Hemidactylus mabouia*), espécie considerada invasora com alto grau de territorialidade e agressividade, competindo com espécies nativas (Short e Petren, 2012), além do caramujo-africano (*Achatina fulica*) (CONDER, 2013).

Na RBG as espécies exóticas ocorrem de forma dispersa, em diferentes áreas da unidade, sobretudo em seus limites, nas áreas que sofrem ação mais direta da população humana, ou em áreas que sofreram alterações em um momento pretérito. Na área foram registradas seis espécies exóticas da flora, sendo elas: tinhorão (*Caladium zamiifolium*), feijão-bravo (*Capparis flexuosa*), pata-de-vaca (*Bauhinia variegata*), gliricídia (*Gliricidia sepium*), pimenta-da-jamaica (*Pimenta dioica*) e dracena (*Dracaena fragrans*), esta última com comportamento invasor. Algumas espécies da fauna exótica observadas são a lagartixa-de-parede (*Hemidactylus mabouia*), o pardal (*Passer domesticus*), a lavadeira-mascarada (*Fluvicola nengeta*), o pombão (*Patagioenas picazuro*) e o lebiste (*Poecilia reticulata*) (INEA, 2012b).

No caso do PNMFC, existe uma extensa área (cerca de 65 hectares) ocupada por plantio de eucalipto. Outras 14 espécies exóticas de plantas foram registradas, como a nespereira (*Eriobotrya japonica*), o lírio-do-brejo (*Hedychium coronarium*), a leucena (*Leucaena leucocephala*) e o gengibre-vermelho (*Hedychium coccineum*). Também foram registradas espécies exóticas de aves, tais como o pombo-doméstico (*Columba livia*), o pardal (*Passer domesticus*) e o bico-de-lacre (*Estrilda astrild*). Já em relação à herpetofauna destaca-se a presença da lagartixa-de-parede (*Hemidactylus mabouia*).

Outra pressão que acomete as florestas urbanas diz respeito à invasão de espécies domésticas. Todas as áreas avaliadas convivem com animais domésticos, com o maior índice de ocorrência para os cães e gatos, mas também foram observadas galinhas, bovinos e equinos, sobretudo no PEPB e no PSB. Esses animais são geralmente provenientes de residências situadas em seu interior e entorno, mas existem casos de abandono de animais. Entre os impactos da sua presença sobre a fauna nativa estão a transmissão de doenças, competição pelos recursos naturais e, em alguns casos, a predação de indivíduos adultos, ninhos e filhotes de espécies nativas.

As características físicas e usos realizados no entorno dessas áreas também as tornam altamente vulneráveis à ocorrência de incêndios. As estimativas realizadas para a elaboração do plano de manejo do PEPB apontam que, entre os anos de 2004 e 2011, mais de 270 hectares foram queimados no seu interior. O principal motivo dessas ocorrências foi a queima para renovação de pastagem nas propriedades do interior e do entorno (mais de 1.300 hectares, cerca de 11% do PEPB, são formados por campos e pastagens), mas outros fatores como queda de balão, queima de lixo, limpeza de terreno e manifestações religiosas também contribuíram.

Costa (2002), realizando um amplo estudo sobre o PEPB, analisou o risco de incêndios em seu interior e utilizou como principais parâmetros para a definição das áreas mais suscetíveis a incidência de gramíneas exóticas, a presença de ocupações humanas, a proximidade à rede viária, a altitude (considerando áreas mais baixas com maior índice) e a declividade (com inclinações menores apresentando maior índice). Segundo esses critérios, a pesquisadora observou que cerca de 19% da UC encontra-se em área considerada de altíssimo risco de ocorrência de incêndios e 70% em área de alto risco, demonstrando que essa é uma ameaça séria e que a UC deve contar com monitoramento constante e estrutura adequada para prevenção e combate a incêndios.

O PNMFC também enfrenta sérios problemas relacionados aos incêndios, que, em sua maioria, começam na borda da UC. Apesar da inexistência de um monitoramento sistemático, sabe-se que a queda de balões é um dos fatores que provocam incêndios, devido à grande incidência de soltura na região, além das velas utilizadas em cultos evangélicos e afro-religiosos, da realização de fogueiras, da queima de lixo, de bitucas de cigarro e do fogo ateado intencionalmente. Em 2009 houve o registro de três ocorrências de incêndio no parque, sendo uma no mês de março e duas em novembro (Prefeitura de São Paulo, 2014).

A presença constante de incêndios no entorno da RBG também representa um importante vetor de pressão. As regiões limítrofes à Avenida das Américas e à Estrada Roberto Burle Marx são as mais atingidas. Apesar de os relatórios dos funcionários da UC não apontarem o motivo dos incêndios, os guarda-parques relatam que as principais causas seriam: realização de manifestações religiosas na beira da estrada; pontas de cigarro provenientes, principalmente, de carros que passam pelas estradas próximas; queima de lixo ou folhas no quintal das casas e queda de balões. Os meses com maior incidência de incêndios na reserva correspondem ao período de estiagem, entre julho e setembro (INEA, 2012b).

No PSB a ocorrência de incêndios acontece em menor intensidade. Durante levantamentos em campo, moradores relatam que ocasionalmente existem pequenos focos associados, principalmente à queima de lixo. Também existem relatos de ocorrência de incêndios no entorno, derivada da produção de carvão, que utiliza madeira retirada das florestas da região (CONDER, 2013).

O depósito indevido de resíduos e o lançamento de esgoto é outro fator que contribui para agravar a situação ambiental dessas áreas urbanas. No PEPB foi registrada a presença de lixo em diversos pontos da unidade, principalmente em trilhas e nas áreas próximas a residências, atingindo recursos hídricos e encostas. Influencia essa situação o fato de que apenas uma pequena parcela das comunidades se beneficia do serviço público de coleta de lixo, geralmente aquelas que se localizam próximo às sedes do PEPB (Costa, 2002). O lançamento de esgoto também é um problema bastante preocupante, dado o grande número de moradores no interior do parque. Entrevistas realizadas com uma amostra dos moradores indicam que o destino final do esgoto varia conforme a região da moradia na UC, mas é frequente o despejo em fossas rudimentares e nos corpos hídricos (INEA, 2012a).

A falta de saneamento talvez seja um dos mais graves problemas enfrentados pelo PSB na atualidade. Seus corpos de água se encontram extremamente poluídos devido ao esgoto advindo dos bairros vizinhos, que contaminam os córregos que fluem para o parque. As casas localizadas em seu interior e no entorno imediato também despejam águas servidas diretamente na área. Esse problema fica mais evidente para o córrego Mané Dendê e o Rio do Cobre, na área de baixada do parque, mas todos os corpos de água que adentram a área possuem algum nível de contaminação, como as cachoeiras de Oxum e Nanã, um dos principais sítios de visitação do PSB, cujas águas estão visivelmente afetadas pela poluição. A falta de saneamento é também um problema de saúde pública, uma vez que coloca em risco a saúde de moradores e usuários das áreas mais contaminadas (CONDER, 2013). A região do subúrbio ferroviário e bairros que compõem o parque são considerados áreas de grande ocorrência de algumas doenças, como a esquistossomose (Guimarães e Tavares Neto, 2006) e a leptospirose (Brito, 2010). Isso demonstra quão urgente e necessária é a implantação de um sistema de esgotamento sanitário na região. Além dos impactos para a saúde da população local, a falta de saneamento no entorno também restringe o desenvolvimento de programas de estímulo à visitação. Além disso, destaca-se o intenso impacto que essa situação tem sobre a biodiversidade local, reduzindo drasticamente a vida aquática e afetando a fauna que depende dos recursos hídricos.

No PSB também se observa intensa deposição de lixo e de entulho, que advém de diferentes fontes: i) lixo doméstico, depositado principalmente nos limites do parque por moradores do entorno; ii) lixo doméstico que escoa para o interior do parque em épocas de chuva devido à falta de coleta adequada nas comunidades do entorno; iii) resíduos orgânicos e inorgânicos provenientes de rituais religiosos; iv) depósito de entulhos de diversas naturezas, que ocorre, principalmente, na Estrada do Cobre; v) entulhos provenientes das obras recentes realizadas na região

(CONDER, 2013). Sem dúvida, esse tema representa um grande desafio para os gestores da área.

No PNMFC a preocupação com lixo e esgoto também é constante. O parque possui um conjunto de escadas hidráulicas para drenagem de águas pluviais que acabam por escoar também, para dentro da UC, o esgoto proveniente das residências do entorno. Na região conhecida como Gleba do Pêssego, limítrofe ao parque, também foi observado o despejo de esgoto de casas diretamente no interior da unidade. Nessa região existe rede de distribuição de água, mas não de coleta e tratamento de esgoto. Por conta disso, é possível observar ao fim das ruas ou nos fundos das casas as águas pluviais, juntamente com o esgoto doméstico, desembocando na UC. Na região das Casas Numeradas e parte da comunidade do Tabor, o esgoto é despejado no Rio Aricanduva, às margens do parque (Prefeitura de São Paulo, 2014).

Nesses mesmos locais no PNMFC também foram observados depósitos de lixo e entulho, próximo às residências. Ao longo de toda a extensão do parque, nas avenidas Aricanduva e Afonso de Sampaio e Souza, é possível ainda verificar resíduos que são lançados pelos gradis para seu interior. O mesmo ocorre na Rua Jacu-Pêssego, onde também foi registrada uma grande concentração de resíduos ao longo dos gradis.

Entender como todos esses fatores atuam sobre as áreas protegidas urbanas e como as populações da fauna e da flora respondem a esse tipo de pressão é fundamental para compreender a viabilidade da conservação de determinadas espécies em longo prazo. É importante que os gestores dessas UCs tenham a clareza de que apenas a proteção dessas áreas, evitando ações de degradação dos seus recursos naturais, não é suficiente para garantir sua viabilidade, a manutenção da sua biodiversidade e dos processos ecológicos em longo prazo. Isso evidencia a importância da realização de pesquisas com ênfase em ecologia de espécies e biologia da conservação, de forma a fornecer subsídios para o melhor entendimento de como comunidades e populações de espécies têm se comportado no interior desses fragmentos e têm reagido às pressões urbanas. Essas pesquisas também devem fornecer informações e identificar a necessidade de se realizar ações de manejo da fauna e da flora, para a manutenção ou aumento dos índices de diversidade dessas áreas. Trabalhos de sensibilização e de integração com as comunidades do entorno, bem como com gestores públicos municipais, também são necessários, visto que o problema da falta de saneamento e da coleta inadequada do lixo fogem da competência da gestão das UCs, mas precisam ser equacionados, sob pena de colocar em risco o patrimônio natural protegido por essas unidades.

Para enfrentar esses desafios, algumas medidas foram propostas nos planos de manejo dessas unidades, entre as quais destacam-se: i) realização de levantamentos das espécies exóticas e/ou invasoras presentes, avaliando seu status populacional e o impacto de suas populações sobre a fauna e a flora nativas, com o objetivo de desenvolver e/ou aprimorar metodologias de manejo, controle e erradicação dessas espécies; ii) promoção de cursos de manejo de espécies exóticas entre os funcionários; iii) desenvolvimento de estudos e protocolos que possam subsidiar a prática de reintrodução e translocação de espécies silvestres nativas; iv) realização de estudos para avaliar a viabilidade e eficácia da implantação de dispositivos de passagem de fauna em trechos das estradas que fragmentam as UCs; v) monitoramento das populações de espécies exóticas, espécies-chave ou indicadoras; vi) desenvolvimento de projetos de recuperação de áreas degradadas; vii) ampliação da fiscalização com a implantação de rotinas de monitoramento e registro de ocorrências; viii) monitoramento da qualidade da água em pontos-chave da UC e identificação de áreas críticas relacionadas a despejo de esgoto e lixo, tomando as medidas necessárias perante os órgãos públicos, moradores das UCs e do entorno, para eliminação/diminuição do problema; ix) monitoramento e avaliação dos impactos de trilhas, acessos, estradas e outras infraestruturas presentes no território das UCs; x) elaboração e implementação de plano de prevenção e combate a incêndios; xi) estabelecimento de parcerias com as instituições que atuam em proteção e fiscalização nos bairros próximos para coibir ações de degradação das áreas naturais do entorno das UCs; xii) promoção de ações de educação ambiental e sensibilização dos moradores das UCs e entorno, visando divulgar a importância da conservação dessas áreas e reduzir práticas impactantes ao meio ambiente e; xiii) estímulo a parcerias e à integração dessas áreas com outros instrumentos de planejamento existentes nas cidades, bem como à implantação de políticas públicas que sejam compatíveis com a conservação da biodiversidade e dos recursos naturais nas UCs.

Proposta de implantação do Corredor Ecológico Urbano Carmo-Nascentes do Aricanduva

O estabelecimento de conexões entre as áreas protegidas urbanas e outros remanescentes de vegetação nativa existentes nas cidades é fundamental para minimizar os efeitos do isolamento e da fragmentação sobre a biodiversidade e ampliar a viabilidade em longo prazo das populações da flora e fauna residentes nessas áreas.

A partir do exercício de reflexão e planejamento para a elaboração do plano de manejo do PNMFC, e levando-se em conta a importância da conectividade para a manutenção da diversidade da área, foi proposta a implantação de um Corredor Ecológico Urbano ligando a região do PNMFC às nascentes do Rio Aricanduva, como se vê na ***Figura 14****. Seu desenho foi elaborado com base na análise do uso e ocupação do solo da região, métricas da paisagem, identificação de áreas prioritárias para conservação e restauração, avaliação dos instrumentos de planejamento municipais incidentes sobre o território e discussões realizadas entre os técnicos envolvidos com a elaboração do plano de manejo e também com a contribuição dos participantes das oficinas para elaboração do documento (Prefeitura de São Paulo, 2014).*

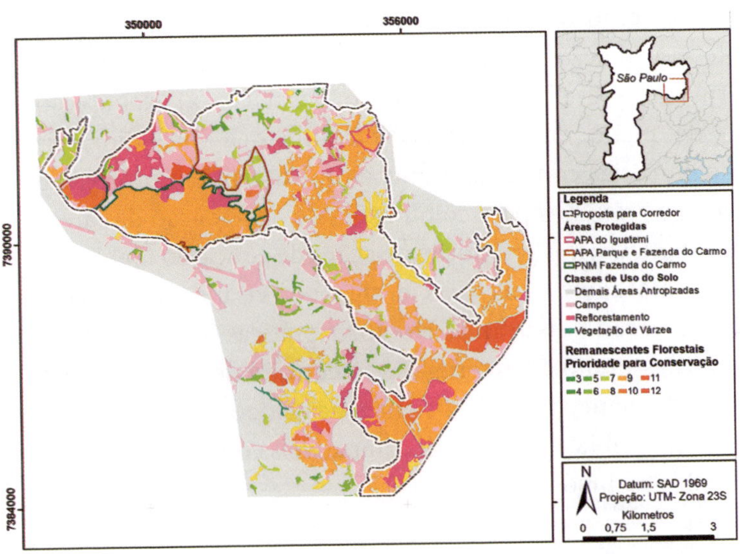

Figura 14. Mapa mostrando o desenho proposto para o Corredor Ecológico Urbano Carmo-Nascentes do Aricanduva.

Visando sua efetiva implantação, uma série de diretrizes foi proposta, conforme apresentado a seguir:

1. *Criar um grupo interinstitucional para discutir o processo de implantação do corredor e trabalhar no desenvolvimento de um plano de ação, avaliando a viabilidade de reconhecer o seu território por meio de um decreto ou outro instrumento legal pertinente.*
2. *Articular com os municípios de Ferraz de Vasconcelos e Mauá o estabelecimento de estratégias conjuntas de conservação na área, que possam resultar em ações de fiscalização integradas, restauração de áreas degradadas, projetos de educação ambiental, pesquisa e monitoramento, ou outras consideradas necessárias.*
3. *Desenvolver estudos técnicos e levantamentos de biodiversidade, de forma a reforçar sua importância ecológica e fortalecer a argumentação da necessidade do seu reconhecimento formal. Para isso podem ser feitas parcerias com instituições de ensino e pesquisa e instituições do terceiro setor, envolvendo, ainda, departamentos da prefeitura de São Paulo, que podem contribuir com levantamento de informações primárias e secundárias sobre essa região.*
4. *Estimular a prefeitura de Ferraz de Vasconcelos a criar uma unidade de conservação que abranja parte do território do corredor nesse município.*
5. *Ampliar a fiscalização na região por meio de parcerias com a Polícia Militar Ambiental, Guarda Civil Metropolitana e Polícia Civil.*
6. *Ampliar a articulação com a Reserva da Biosfera do Cinturão Verde da Mata Atlântica para fortalecer a implantação do corredor e desenvolver ações conjuntas para a conservação da área.*

7. *Acompanhar e buscar influenciar todas as discussões que venham a envolver a revisão do plano diretor e dos planos regionais estratégicos das subprefeituras que integram o corredor no município de São Paulo, bem como dos planos diretores dos municípios de Ferraz de Vasconcelos e Mauá, evitando que áreas sensíveis possam ser reclassificadas em categorias que as exponham a maior vulnerabilidade ambiental.*
8. *Participar ativamente das discussões para a elaboração do plano de manejo da APA Parque e Fazenda do Carmo, promovendo, sempre que possível, o planejamento integrado das UCs dessa área de forma a ampliar a proteção do corredor.*
9. *Articular com a Fundação para a Conservação e a Produção Florestal do Estado de São Paulo a realização de estudos para avaliar a possibilidade de ampliação das APAs Parque e Fazenda do Carmo e do Iguatemi. Essas APAs têm tamanho reduzido e existem remanescentes florestais importantes em seu entorno que podem ser incorporados a elas.*
10. *Mobilizar a Fundação para a Conservação e a Produção Florestal do Estado de São Paulo para a elaboração do plano de manejo da APA Iguatemi.*
11. *Desenvolver um projeto para a recuperação das áreas identificadas como prioritárias, visando a ampliação da conectividade e melhoria das métricas da paisagem do corredor. Deve-se dar especial ênfase àquelas classificadas como de alta prioridade para a restauração, que totalizaram 81,83 hectares, que são as áreas de preservação permanente nas classes "campo" ou "reflorestamento" e que estão a até 100 metros de outros fragmentos florestais. Outras áreas consideradas prioritárias para a restauração no corredor são todas as demais áreas de preservação permanente e as áreas de campo que não são atualmente destinadas a nenhuma finalidade específica.*

12. *Estabelecer estratégias para a manutenção dos fragmentos florestais do corredor, especialmente das áreas identificadas como de alta e média prioridade para a conservação.*
13. *Caracterizar os usos atuais das áreas classificadas como "campo" dentro do corredor, visando identificar áreas propícias para realização de projetos de recuperação.*
14. *Incentivar projetos de arborização urbana nas áreas do corredor cujos usos predominantes são residenciais ou industriais.*
15. *Implantar um programa de monitoramento da biodiversidade e qualidade da água como forma de acompanhar os resultados das ações de conservação desenvolvidas.*
16. *Incentivar iniciativas de produção agrícola sustentável e um uso e ocupação do território mais compatíveis com a sua conservação, na região classificada como Zona Especial de Produção Agrícola e de Extração Mineral.*
17. *Acompanhar e estimular a implantação dos parques naturais, urbanos e lineares projetados para a zona leste, conforme proposto na política de criação de novos parques para o município.*
18. *Definir áreas prioritárias para implantação de projetos de requalificação urbana e saneamento na área.*
19. *Com base nos estudos e projetos de monitoramento que serão realizados, deve-se estabelecer um zoneamento para o corredor que contemple o estabelecimento de: i) zonas prioritariamente voltadas à conservação; ii) zonas em que será incentivado o uso e a ocupação mais sustentáveis da terra; e iii) zonas em que se devem desenvolver ações visando minimizar os impactos da ocupação urbana adensada sobre a paisagem.*

2.5 ASPECTOS POLÍTICO-INSTITUCIONAIS

As cidades brasileiras foram vítimas do processo desordenado de urbanização que marcou a metade final do século passado, e essas intensas transformações no meio urbano também impactaram o meio ambiente (Prieto, 2006)[21].

De acordo com o Estatuto das Cidades (Lei Federal nº 10.257/2001), o plano diretor pode ser definido como um conjunto de princípios e regras orientadores da ação dos agentes que constroem e utilizam o espaço urbano. Ele não é o único, mas talvez seja o principal instrumento de ordenação e orientação quanto ao uso do ambiente urbano. Em razão disso, a integração entre o plano diretor e outros instrumentos de planejamento e gestão ambiental (como a lei de uso e ocupação do solo) é extremamente necessária e deve levar em conta a existência e a importância das áreas protegidas urbanas, em especial das UCs, como ferramenta para conter o avanço da urbanização sobre áreas sensíveis e ambientalmente importantes. É fundamental que essas políticas reconheçam o papel que as áreas protegidas urbanas desempenham na proteção e na promoção de serviços ambientais que irão influenciar a qualidade de vida em escala local-regional.

Dessa forma, mesmo no caso de áreas administradas por outras esferas de governo que não a municipal, é extremamente importante que os gestores das UCs se apropriem do debate sobre a cidade, em especial quanto ao ordenamento e uso do solo que afetam seu interior e entorno, de modo que essas unidades sejam permeáveis aos investimentos locais e sofram menos com impactos negativos advindos das mudanças promovidas por esses instrumentos, que muitas vezes as tornam mais vulneráveis aos efeitos do crescimento das cidades. Dentro desse contexto, a experiência adquirida com as áreas protegidas foco desta publicação pode contribuir com essa discussão, uma vez que se situam em três grandes capitais brasileiras, incluindo as duas maiores cidades do país.

Por estar localizado em uma área de expansão urbana, ou seja, onde o crescimento dos núcleos de ocupação está ainda se processando, o maciço da Pedra Branca guarda, em seu espaço, traços de um conflito rural-urbano

21 Secretaria Municipal de Urbanismo. Disponível em: <http://www2.rio.rj.gov.br/smu/paginas/peu.asp>. Acesso em: 15 de dezembro de 2014.

(Montezuma e Oliveira, 2010). O mesmo pode ser dito em relação à região de Guaratiba, situada no entorno do maciço e onde está inserida a RBG. Essas regiões vivem atualmente um acelerado processo de desenvolvimento das atividades urbanas, com consequente degradação das suas condições naturais (**Figura 15**).

Há diversas situações de conflito derivadas da baixa integração entre a gestão dessas duas UCs e as estratégias de planejamento da ocupação urbana nessa região do município do Rio de Janeiro. Entre elas, pode-se destacar a urbanização crescente nos bairros limítrofes a essas duas unidades, que apresentam ocupações de favelas e loteamentos irregulares em seu entorno, algumas delas escapando para o seu interior.

Conforme descrito no Sistema de Assentamento de Baixa Renda (Sabren), favelas são uma das mais características formas urbanas cariocas existentes

Figura 15. Expansão urbana em Guaratiba e Pedra de Guaratiba, no limite oeste da RBG. Fonte: Angela Pellin.

desde o fim do século XIX, e estão presentes em todas as regiões da cidade. Esse tipo de ocupação humana é definido pelo plano diretor (Lei Complementar nº 16/1992, artigo 147) como: "Área predominantemente habitacional, caracterizada por ocupação da terra por população de baixa renda, precariedade da infraestrutura urbana e de serviços públicos, vias estreitas e de alinhamento irregular, lotes de forma e tamanho irregular e construções não licenciadas, em desconformidade com os padrões legais".

O surgimento da favela se dá a partir de uma ocupação (espontânea ou planejada) em terreno de propriedade alheia (pública ou particular). Na cidade do Rio de Janeiro existem 680 favelas mapeadas, segundo o cadastro do Sabren. Dados do ano de 2003 revelam que 101 delas estão localizadas a até 400 metros de distância de alguma UC, e 17 favelas encontram-se total ou parcialmente inseridas nessas áreas (IPP et al., 2005). Com relação à região de influência direta do PEPB, os levantamentos realizados para a elaboração do seu plano de manejo demonstraram a existência de 49 favelas localizadas a uma distância de até 400 metros do parque, entre as quais cinco estão inteiramente inseridas nele e outras três estão parcialmente em seu interior. Já em relação à RBG, não existem favelas no seu interior, mas quatro estão localizadas em um raio de até 400 metros da UC.

Para diminuir os efeitos desses processos de ocupação, o Plano Diretor de Desenvolvimento Urbano Sustentável do Município do Rio de Janeiro, instituído pela Lei Complementar nº 111/2011, determina que a prioridade para inserção das comunidades nos programas de urbanização e regularização fundiária seja definida pela observação de critérios básicos, entre eles a "proximidade entre favelas e unidades de conservação" (IPP et al., 2005).

Isso evidencia a necessidade de integração entre as políticas de uso e ocupação do solo, habitação e moradia e as políticas ambientais e de gestão dessas UCs. É extremamente necessário que haja uma agenda positiva entre o órgão que administra as unidades, a prefeitura e o Instituto de Terras e Cartografia do Estado do Rio de Janeiro (ITERJ) para o desenvolvimento de um programa de regularização fundiária e de moradia que permita resolver o problema social de habitação e ao mesmo tempo resguardar áreas limítrofes e no interior das duas UCs, a fim de se minorar os problemas decorrentes da ocupação de áreas que devem ser destinadas à conservação.

O Projeto de Estruturação Urbana (PEU) é um conjunto de regras norteadas por políticas e ações definidas para orientar o desenvolvimento físico-urbanístico de um conjunto de bairros vizinhos com características semelhantes (Secretaria Municipal de Urbanismo, 2014)[22]. O PEU dos bairros de Vargem Grande, Vargem Pequena, Camorim e parte dos bairros do Recreio dos Bandeirantes, Barra da Tijuca e Jacarepaguá foi instituído pela Lei Complementar nº 104/2009. Esse PEU diminui o tamanho mínimo dos lotes e aumenta os índices de aproveitamento de terreno, o que reduz a taxa de permeabilidade do solo e pode aumentar excessivamente as taxas de ocupação na região. Em função disso, ele foi considerado inadequado pela Câmara Técnica de Políticas Ambientais do Conselho Municipal de Meio Ambiente (Consemac), no entanto foi aprovado e segue em vigor.

Os três principais ecossistemas da região de abrangência do PEU são: Floresta Ombrófila Densa Submontana, os brejos e as florestas paludosas na planície costeira (Montezuma e Oliveira, 2010). O impacto previsto para as áreas úmidas será grande, sobretudo ao se considerar que para alguns setores[23] dos bairros em que existem áreas úmidas foi proposta a categoria de uso intitulada Zona de Uso Misto 3 (ZUM3), na qual são permitidos os usos residencial, comercial e industrial, o que deve gerar um aumento no grau de impermeabilização dessas áreas, naturalmente alagáveis. Essa ocupação pode levar à extinção dos fragmentos de brejos que ocorrem na região, uma vez que a drenagem deficiente poderá sobrecarregar a saturação desses remanescentes (Montezuma e Oliveira, 2010).

Quanto aos ecossistemas florestais, o maior impacto diz respeito à ocupação proposta para a vertente sul do maciço da Pedra Branca. Embora a lei determine uma ocupação unifamiliar, com uma densidade de no máximo 7 hab/ha, com lotes de 5.000 m^2, a localização limítrofe ao PEPB (já em cota elevada – 100 metros) pode aumentar o efeito de borda e a consequente perda de *habitat* na unidade (Montezuma e Oliveira, 2010). Levando em consideração que o maciço da Pedra Branca é um mosaico vegetacional em diferentes graus de preservação, Montezuma e Oliveira (2010) advertem que a probabilidade de a degradação das florestas se propagar para as zonas mais

22 Secretaria Municipal de Urbanismo. Disponível em: <http://www2.rio.rj.gov.br/smu/paginas/peu.asp>. Acesso em: 15 de dezembro de 2014.

23 Setores: A, B , I e L do PEU.

centrais do maciço é significativa, sobretudo porque as áreas fronteiriças às estradas já estão sendo impactadas.

Já o PEU aprovado para a região de Campo Grande (Lei Complementar nº 72 /2004), que faz fronteira com a vertente oeste do parque, altera o tamanho mínimo dos lotes para 1.000 m^2, o que é um estímulo para que essa região deixe gradativamente suas características rurais para assumir um caráter cada vez mais urbano.

Desse modo, ainda que seja imprescindível estabelecer novas regras para o parcelamento do solo nessa região, é fundamental levar em conta os efeitos prováveis e negativos de um maior adensamento sobre essas áreas, que abrigam mananciais e remanescentes de Mata Atlântica e de ecossistemas associados. A aprovação desses PEUs indica quão grande é o desafio de estimular atividades/ocupações de menor impacto no entorno de uma UC da magnitude do PEPB, localizada em uma região sujeita à expansão e ao crescimento urbano, no coração da segunda maior cidade do Brasil.

Com relação à região de Guaratiba, ela constitui uma importante reserva de terras a serem parceladas e ocupadas em médio e longo prazo, o que possivelmente ocorrerá em razão da pressão associada à ampliação da urbanização e à medida que for enfraquecendo o interesse na manutenção da atividade agrícola existente, hoje ainda bastante expressiva. O PEU para essa região ainda está em discussão, mas o plano diretor da cidade do Rio de Janeiro prevê algumas medidas que podem ter implicações indesejadas tanto para o PEPB quanto para a RBG.

Um exemplo é a duplicação da Avenida das Américas, que liga a zona sul à zona oeste da cidade do Rio de Janeiro, sendo, portanto, uma via de tráfego intenso. Essa avenida corta o PEPB, ao longo de cerca de 2 quilômetros, isolando completamente os fragmentos de florestas localizados mais a sul da UC, onde ela é chamada de Estrada da Grota Funda, e recentemente também foi aberto um túnel que leva esse nome. A mesma avenida corta também a RBG na sua porção norte, e, além de aumentar os efeitos da fragmentação, a presença da estrada divide os manguezais e apicuns e afeta a frequência de inundação pelas marés, podendo se tornar uma barreira à migração das florestas de mangue em direção ao continente (Soares, 2008).

Outra intervenção prevista no plano diretor é o alargamento da Estrada Roberto Burle Marx (antiga Estrada de Barra de Guaratiba) na porção leste da RBG (**Figura 16**). Essa estrada representa uma zona de contato entre a RBG e o PEPB e tem um papel muito importante para ambos. O local foi incorporado à zona de amortecimento (ZA) da RBG, pois resguarda as nascentes e os cursos médios dos pequenos rios que drenam essa região e que compõem o manguezal da RBG. A ocupação de áreas no entorno dessa estrada e a sua duplicação reduz a disponibilidade de terreno para uma possível migração das florestas de mangue em face dos cenários de mudanças climáticas, o que deve levar a uma redução do manguezal nessa região (Soares, 2008). Desse modo, o alargamento da estrada torna os manguezais da RBG ainda mais vulneráveis e compromete sua viabilidade em longo prazo.

Por outro lado, existem iniciativas interessantes para fortalecer a gestão e a integração dessas UCs com outras políticas públicas de conservação ambiental, as quais merecem destaque. Em 2011 foi criado o Mosaico

Figura 16. Estrada Roberto Burle Marx, no limite leste da RBG.
Fonte: Angela Pellin.

Carioca, pela Portaria nº 245 do Ministério do Meio Ambiente (MMA). Mosaico de UCs é um modelo de gestão que busca a participação, integração e envolvimento dos gestores das unidades e da população local na gestão das UCs, de forma a compatibilizar a presença da biodiversidade, a valorização da sociodiversidade e o desenvolvimento sustentável no contexto regional. Ele contribui também para a transposição de um dos principais desafios na gestão de UCs, que é a interação entre a população local, o governo local e os órgãos gestores de diferentes esferas de atuação para promover ações de proteção das áreas naturais[24].

O Mosaico Carioca compreende 23 UCs localizadas na cidade do Rio de Janeiro, sendo 2 federais, geridas pelo ICMBio, 4 sob a gestão do Instituto Estadual do Ambiente (INEA), entre elas a RBG e o PEPB, e 17 áreas municipais, sob a gestão da Secretaria Municipal de Meio Ambiente da Cidade do Rio de Janeiro (SMAC). Em que pese a sua recente criação, inúmeras ações conjuntas foram potencializadas desde o seu estabelecimento, como mutirões, sinalização das áreas protegidas, viagens e experiências de capacitação, entre outras, fortalecendo a gestão integrada dessas áreas.

No município de Salvador, o Plano Diretor de Desenvolvimento Urbano (PDDU) (Lei nº 7.400/2008) classifica a região do PSB como "Macroárea de Conservação Ambiental", que compreende áreas de alta qualidade ambiental, preservadas do processo intensivo de urbanização e que têm como função primordial a conservação da biodiversidade. De acordo com o PDDU, as áreas enquadradas dentro dessa macroárea devem integrar o Sistema de Áreas de Valor Ambiental e Cultural (SAVAM), instituído pela mesma lei. No entanto, cabe destaque para o fato de que, no PDDU, o PSB não aparece como parque urbano ou qualquer outra categoria equivalente, mas integra a APA da Bacia do Rio do Cobre/São Bartolomeu, evidenciando a dúvida quanto ao seu posicionamento no conjunto das áreas verdes e protegidas do município de Salvador e reforçando a necessidade da formalização do reconhecimento desse parque. Essa recomendação e a orientação técnica para a sua execução foram incorporadas ao plano de manejo.

É interessante notar que o próprio plano diretor determina que as áreas inseridas na Macroárea de Conservação Ambiental ainda não oficializadas como UCs devem ser alvo de estudos técnicos e audiências públicas para

24 Ministério do Meio Ambiente (2014). Disponível em: <http://www.mma.gov.br/areas-protegidas/acoes-e-iniciativas/gestao-territorial-para-a-conservacao/mosaicos>. Acesso em: 30 de novembro de 2014.

subsidiar seu enquadramento e institucionalização em uma das categorias previstas no SNUC. O PDDU reforça que essas áreas são destinadas à conservação da cobertura vegetal, dos cursos de água, da morfologia e das características do solo, bem como à proteção da fauna e da flora representativas da biodiversidade do ambiente. Recomenda também a proibição do licenciamento de usos, bem como autorização para exploração, supressão ou modificação dos recursos naturais, até que se concluam os estudos para a criação da UC, salvo nos casos previstos em lei, mediante a elaboração de um estudo de impacto ambiental/relatório de impacto ambiental (EIA/RIMA) (Salvador, 2008).

Cabe destacar que grande parte da zona de amortecimento estabelecida para o PSB também se enquadra em Macroárea de Conservação Ambiental e se sobrepõe, em grande medida, aos limites da APA da Bacia do Rio do Cobre, onde o PSB está inserido. A APA, que é estadual, ainda não tem plano de manejo, mas havia uma articulação por parte da instituição gestora e do seu conselho para dar início ao processo no ano de 2013. A sobreposição entre ZA e a APA reforça a necessidade de se promover o ordenamento do uso desse território, visando minimizar a ocorrência de atividades que possam causar impactos ambientais significativos, incompatíveis com as características dessa área.

De acordo com a Lei de Uso e Ocupação do Solo do Município de Salvador (Lei nº 8.167/2012), que disciplina o parcelamento, uso e conservação do solo em consonância com o plano diretor do município, os limites leste e oeste da ZA do PSB (e também da APA) correspondem, na sua maioria, a áreas urbanas densamente ocupadas. Essas áreas são definidas na lei citada como Zona Predominantemente Residencial (ZPR), Zona Especial de Interesse Social (ZEIS), Zona destinada à Habitação de Interesse Social (HIS) e há ainda uma pequena parcela, na parte oeste, classificada como Zona Industrial (ZI). Desse modo, é de suma importância que a administração do parque seja consultada sobre a implantação de novas atividades e empreendimentos que exijam licenciamento ambiental no âmbito da ZA do PSB, como determina a Lei do SNUC. Nesse contexto, a equipe gestora do parque precisa ser atuante em conselhos e outros grupos de trabalho que debatam sobre as alterações do plano diretor e da lei de uso e ocupação do solo.

No município de São Paulo, no ano de 2014, foi publicada a Lei nº 16.050, que instituiu o seu novo Plano Diretor Estratégico (PDE), em substituição ao anterior, aprovado em 2002, pela Lei nº 13.430. O novo PDE de São Paulo estabelece duas macrozonas para a cidade:

a) Macrozona de Estruturação e Qualificação Urbana: situada integralmente na zona urbana, apresenta grande diversidade de padrões de uso e ocupação do solo, desigualdade socioespacial, padrões diferenciados de urbanização e a área do município mais propícia para abrigar os usos e atividades urbanas (Artigo 10).
b) Macrozona de Proteção e Recuperação Ambiental: território ambientalmente frágil devido às suas características geológicas e geotécnicas, à presença de mananciais de abastecimento hídrico e à significativa biodiversidade, demandando cuidados especiais para sua conservação (Artigo 20). O inciso primeiro diz ainda que "a Macrozona de Proteção e Recuperação Ambiental tem função precípua de prestar serviços ambientais essenciais para a sustentação da vida urbana das gerações presentes e futuras".

A região onde está inserido o PNMFC era considerada, no PDE de 2002, Macrozona de Proteção e Recuperação Ambiental, classificada como Macroárea de Preservação dos Ecossistemas Naturais, e seu entorno como Macroárea de Contenção Urbana e Uso Sustentável. A partir do PDE de 2014 a classificação da UC permaneceu a mesma, mas a denominação do entorno imediato passou a ser Macroárea de Controle e Qualificação Ambiental (ocupa a maior parte do entorno) e Macroárea de Estruturação Metropolitana, que ocupa predominantemente a região leste do entorno. A ZA é predominantemente ocupada pelas duas macroáreas anteriores, mas também há uma Macroárea de Redução da Vulnerabilidade Urbana e Recuperação Ambiental na região nordeste.

Assim como o PSB, o PNMFC também está inserido em uma APA, denominada Parque e Fazenda do Carmo. Ela foi criada pelo Decreto Estadual nº 37.678/1993, motivada por movimentos sociais constituídos por organizações não governamentais e entidades comunitárias que eram contrárias às consequências do processo de urbanização que a zona leste vinha passando desde a década de 1970. A APA tem como objetivo proteger a diversidade biológica, disciplinar o processo de ocupação e assegurar a sustentabilidade do uso dos recursos naturais. Ela dispõe de um zoneamento ambiental, que prevê diversos tipos de uso do solo para cada zona. Na Zona A, mais restritiva, devem-se manter as características do ecossistema original; na B é permitido o uso ligado ao lazer, à cultura e à educação ambiental; na C, os componentes do ecossistema original foram modificados ou eliminados pela introdução de componentes cultivados; na D, onde os componentes do ecossistema original foram modificados de maneira mais drástica, localizam-se algumas indústrias e chácaras de horticultura; e, na Zona E, todos os componentes do ecossistema original foram modificados e a organização funcional do *habitat* natural foi eliminada. O PNMFC está inserido na Zona A, tendo apenas parte na Zona B (Martins e Lobão, 2011; Processo SVMA nº 02-002.059-94 29).

Cabe destacar ainda que o município de São Paulo está em processo de elaboração do seu Plano Municipal de Mata Atlântica (PMMA). O PMMA é um instrumento previsto na Lei nº 11.428/06, a Lei da Mata Atlântica, e deve ser elaborado por todos os municípios que abriguem remanescentes desse bioma. O PMMA tem como propósito reunir informações sobre os remanescentes florestais no município e estabelecer condições para a sua proteção, conservação, recuperação e uso sustentável. A elaboração do PMMA também é uma oportunidade para estabelecer mecanismos e incentivos para a proteção de áreas estratégicas, para a criação e/ou ampliação de áreas protegidas municipais, para a recuperação de áreas de risco, a proteção de mananciais, enfim, para o planejamento territorial, indicando áreas sensíveis que devem estar sob um regime de proteção e gestão especial. Esse é mais um instrumento legal que deve dialogar com as demais políticas públicas do município e que pode contribuir para melhorar a gestão das UCs urbanas e do seu entorno.

Outro instrumento importante para a proteção e gestão de algumas categorias de UCs é a zona de amortecimento (ZA). Segundo a Lei nº 9.985/2000, a ZA constitui o entorno de algumas categorias de UC, em que as atividades humanas estão sujeitas a normas e restrições específicas, com o propósito de minimizar os impactos negativos sobre a área. Seus limites e normas poderão ser definidos no ato de criação da unidade ou posteriormente. A Resolução CONAMA nº 13/1990 determinava que qualquer atividade que pudesse afetar a biota num raio de dez quilômetros das áreas circundantes da UC deveria ser obrigatoriamente licenciada pelo órgão ambiental competente e contar com a autorização do responsável pela sua administração. Mais recentemente, a Resolução CONAMA nº 428/2010 determinou que o licenciamento de empreendimentos de significativo impacto ambiental que possam afetar a UC e sua ZA (fundamentado no estudo de EIA/RIMA) só poderá ser concedido mediante autorização do órgão responsável pela administração da unidade. Ela também estabelece que essa zona seja de três quilômetros, até que o plano de manejo a delimite. A partir da conclusão do plano de manejo, a ZA passará a apresentar uma nova área, que poderá ser maior ou menor que os três quilômetros estabelecidos pela Resolução.

Apesar da importância dessa zona para a conservação das UCs, esse instrumento carece de regulamentação específica, que determine mais claramente os seus limites como instrumento normatizador do uso e ocupação do território. Nesse sentido, Silva Neto (2012) destaca que essas áreas não estão sujeitas a indenização, uma vez que os imóveis não têm sua dominialidade econômica afetada, pois há continuidade dos usos econômicos, os quais sofrem apenas uma regulamentação. No entanto, o autor ressalta que as restrições não podem ser exacerbadas, sob pena de se transformar a limitação administrativa em um verdadeiro apossamento pelo poder público.

Outra questão polêmica é qual seria o adequado "Ato de Poder Público" para o reconhecimento da ZA e se haveria a necessidade da promulgação de leis e decretos ou se instrumentos como portarias da instituição seriam suficientes. A esse respeito Silva Neto (2012) ressalta que, por se tratar de uma ferramenta que somente atinge sua finalidade se estiver em consonância com a realidade local e com a dinâmica de uso e ocupação da terra, ela deve ser flexível o suficiente para responder a todas as intensas mudanças verificadas ao longo do tempo, sob pena de se desvirtuar completamente. Segundo Ferreira (2010), o estabelecimento da zona de amortecimento por decreto engessaria o caráter flexível que deve ter o instrumento, pois a demora em se alterar um decreto é incompatível com a rapidez com que variam as condições de uso e ocupação da terra no entorno de uma UC.

Uma iniciativa de regulamentação dessas zonas que representa um avanço para o estabelecimento de regras e limites mais claros ocorreu no estado de São Paulo por meio da publicação da Resolução SMA nº 33/2013. Essa resolução define critérios técnicos e diretrizes para as ZAs, propondo, inclusive, a possibilidade de sua setorização. A norma ressalta ainda que planos diretores municipais e demais instrumentos normativos de ordenamento territorial deverão ser considerados para identificar possíveis impactos no interior da UC, mas que seus regramentos não se aplicam automaticamente a essa zona. Além disso, cita explicitamente as atividades humanas existentes que estão passíveis de normatização em seu entorno.

Todas essas questões representam desafios para a adequada implementação e funcionalidade dessas áreas e se tornam ainda mais complexas quando aplicadas a UCs localizadas em áreas urbanas e periurbanas, que são densamente ocupadas, apresentam mudanças de uso e ocupação de forma bastante dinâmica e interagem com uma diversidade de instituições e interesses políticos, muitas vezes antagônicos. Além disso, via de regra, as zonas circundantes das UCs urbanas já foram extremamente alteradas do ponto de vista do relevo e da sua fisionomia, o que pode prejudicar seu papel de tampão sobre a UC. Adicionalmente, uma de suas principais funções, que seria conter a expansão urbana sobre os limites da UC, perde o sentido.

A delimitação das ZAs das UCs urbanas que compõem este estudo foi um exercício bastante desafiador e o processo evidenciou que esse tema carece de uma reflexão mais ampla. O que se observa é que existe uma insegurança por parte das instituições gestoras das unidades em estabelecer normas mais rígidas em relação ao uso e ocupação do território que compõe a ZA, pelos motivos já relatados anteriormente. Isso resulta na definição de uma série de diretrizes que muitas vezes são genéricas e assumem caráter de recomendação e não de regra. Algumas vezes a falta de estudos mais amplos e aprofundados sobre o entorno dessas UCs também gera certa insegurança no estabelecimento de normas mais específicas para essas áreas.

Outro aspecto que influencia fortemente a definição das ZAs em áreas urbanas é a necessidade de os gestores das UCs se manifestarem quanto à implantação, nos limites da ZA, de obras ou quaisquer atividades potencialmente causadoras de impacto para a UC. A complexidade de uso e ocupação e o volume de empreendimentos que podem se estabelecer nessas áreas resultam em uma tendência de estabelecimento de zonas menores, com pouca ou nenhuma incidência sobre as áreas urbanas já consolidadas, mesmo que esses territórios apresentem influência direta sobre a qualidade ambiental e gestão das UCs. Associado a isso está o fato de que essas áreas, na maioria dos casos, já enfrentam grandes dificuldades para proteger e monitorar o seu território, dada a sua carência de recursos humanos e materiais. Diante desse contexto, a fiscalização e o monitoramento adequado das ZAs representariam desafios adicionais a serem superados e que podem estar influenciando a preferência pela delimitação de ZAs menores, que gerem menos conflitos para a gestão da UC.

Diante da complexidade que envolve essa temática, um caminho possível – ainda que igualmente desafiador –, que já foi apontado nesta publicação, é a integração das ZAs com outros instrumentos de planejamento existentes nas cidades e o estabelecimento de parcerias intra e interinstitucionais durante o processo de planejamento, que apoiem a implementação das normas definidas para esses territórios.

Os principais critérios utilizados para a definição da ZA nas áreas analisadas neste estudo foram: i) a existência de áreas de recarga de aquíferos; ii) o desenvolvimento de projetos e programas federais, estaduais e municipais que possam afetar a UC; iii) áreas úmidas com importância ecológica no entorno; iv) limites das microbacias dos rios que fluem para a UC e seus divisores de água; v) áreas protegidas contíguas ou áreas naturais preservadas com potencial para conectividade com a UC; vi) presença de sítios de alimentação, descanso/pouso e reprodução de espécies no entorno; vii) presença de áreas sujeitas a processos de erosão, de escorregamento de massa ou de áreas com risco de expansão urbana ou presença de construção que afetem aspectos paisagísticos notáveis junto aos limites da UC; viii) ocorrência de acidentes geográficos e geológicos notáveis ou aspectos cênicos próximos à UC; ix) presença de sítios histórico-culturais, arqueológicos e paleontológicos, entre outros, dependendo das especificidades da região. Já o principal critério utilizado para não inclusão na ZA foi a existência de áreas urbanas já consolidadas ou estabelecidas pelo plano diretor como áreas de expansão, desde que não apresentassem elevado potencial de impacto negativo ao território da UC. Em todos os casos, a definição da zona e suas diretrizes de gestão foram precedidas por análises dos instrumentos normativos e de planejamento vigentes sobre o território, como o plano diretor, leis de uso e ocupação do solo e possíveis planos de manejo e zoneamentos de outras áreas protegidas, como APAs.

A partir da definição das ZAs, as diretrizes estabelecidas visaram a proteção da UC, a ampliação da sua conectividade com outros remanescentes de áreas naturais, a integração da área com instituições atuantes no entorno e a busca de parcerias para o estabelecimento de serviços de utilidade pública na região, sempre visando a minimização dos impactos decorrentes da urbanização sobre a UC e a melhoria da qualidade ambiental dessa região, resultando na ampliação da qualidade de vida dos seus moradores.

Alguns exemplos de diretrizes sugeridas são: i) articulação com as instituições pertinentes para consulta à UC no caso da implantação de novas atividades/empreendimentos que exijam licenciamento ambiental na região; ii) realização de ações de monitoramento no entorno relacionadas a temas prioritários indicados nos planos de manejo; iii) estabelecimento de termos de cooperação e parcerias com diversas instituições que atuem no território, para ampliação de ações de fiscalização, combate a crimes e violência urbana, realização de atividades de educação ambiental, ampliação de serviços públicos relacionados a drenagem urbana, coleta de lixo e esgoto, incentivo à implantação de alternativas econômicas mais sustentáveis e de uso e ocupação do território mais compatível com a conservação da UC, entre outras; iv) acompanhamento e influência nas discussões que venham a envolver a revisão dos planos diretores ou outras normas, planos ou projetos estratégicos, evitando que as áreas que compõem a ZA possam ser reclassificadas em categorias que as exponham a maior vulnerabilidade ambiental e ampliando sua proteção sempre que possível; v) definição de zonas ou áreas de maior interesse ambiental (quando isso não foi feito durante o estabelecimento da ZA) com a sugestão de maiores restrições para seu uso e ocupação e, quando possível, incentivando o estabelecimento de novas áreas protegidas ou a ampliação das já existentes, sempre buscando sua efetiva implementação.

A quantidade e complexidade dos desafios que se impõem sobre a gestão das UCs urbanas revelam a necessidade de maiores reflexões e discussões a respeito das estratégias mais adequadas para enfrentá-los. No entanto, parece claro que essas áreas precisam estar mais integradas às políticas públicas relacionadas ao planejamento das cidades e que o maior alinhamento político-institucional e o estabelecimento de parcerias estratégicas, visando essa integração e a efetiva proteção e gestão dessas áreas e suas ZAs, são fundamentais para garantir sua perenidade e o alcance dos objetivos para os quais elas foram estabelecidas.

CAPÍTULO 3

Oportunidades associadas à gestão das áreas protegidas urbanas

As áreas protegidas são importantes instrumentos de conservação *in situ* da biodiversidade, fundamentais para garantir a manutenção da integridade de espécies, populações e ecossistemas (Ervin, 2003; Rylands e Brandon, 2005). Além disso, essas áreas proporcionam uma série de benefícios à sociedade, que muitas vezes não são percebidos pela maioria da população. Entre seus principais valores estão: valores de suporte à vida, econômicos, recreativos, científicos, estéticos, de biodiversidade, histórico-culturais, religiosos e filosóficos.

As áreas protegidas urbanas agregam esses valores e fornecem ainda inúmeros serviços ambientais, como já comentado no Capítulo 1. Devido à sua proximidade com a população urbana, podem ser consideradas espaços ideais para difundir informações sobre sua existência e sobre os benefícios que proporcionam, tornando-as verdadeiras vitrines do sistema de áreas protegidas. Este capítulo pretende abordar alguns temas que se destacam em relação às áreas protegidas urbanas e que podem ser considerados oportunidades para a sua gestão.

3.1 APROXIMANDO AS PESSOAS E GANHANDO ALIADOS PARA A CONSERVAÇÃO

O uso público é passível de ocorrer em todas as categorias de UCs, sempre sujeito às condições e restrições estabelecidas no plano de manejo da unidade e às normas estabelecidas pelo órgão responsável por sua administração, embora algumas categorias de proteção integral, tais como as estações ecológicas e reservas biológicas, sejam mais restritivas e permitam apenas visitação de cunho científico e educacional. Os parques (nacionais, estaduais ou naturais municipais) estão entre as tipologias de UCs mais adequadas a receber visitantes para atividades diversas (que vão desde a pesquisa, passando pelas várias modalidades de turismo e educação ambiental) e podem propiciar a maior variedade de experiências e a maior interação entre o visitante e a natureza (MMA, 2006).

Os programas de uso público em UCs se configuram como importantes instrumentos de sensibilização ambiental, de comunicação direta com os seus diferentes usuários e, ainda, de promoção do desenvolvimento local e da qualidade de vida. Se concebidos como processos permanentes e contínuos, podem contribuir para a construção de uma relação mais estreita com os diversos atores sociais locais que se relacionam com a área (Reis e Lima, 2012).

A Organização Mundial do Turismo (OMT) estima que 10% das pessoas que viajam pelo mundo são ecoturistas, cujos principais destinos são as áreas protegidas. A visitação é instrumento essencial para (re)aproximar pessoas da natureza e despertar a consciência quanto à importância da conservação dos ambientes e dos processos naturais, independentemente do tipo de atividade que se pratica em uma UC (MMA, 2006). Especialmente no caso das UCs urbanas, pela sua proximidade com as cidades e facilidade de acesso, elas podem se tornar, se bem manejadas, um poderoso instrumento de sensibilização de grupos sociais e de ampliação da (re)conexão da sociedade urbana com a natureza. Isso ocorrerá, principalmente, se essas áreas estiverem preparadas para oferecer oportunidades de recreação em contato com a natureza e de educação ambiental (Pellin et al., 2014).

A visitação também pode contribuir significativamente para incrementar a receita de uma UC, e esses benefícios podem ser irradiados para o seu entorno, promovendo o crescimento econômico e o desenvolvimento local. Medeiros et al. (2011) avaliaram o potencial, hoje não aproveitado, de contribuição das UCs brasileiras para a economia nacional. A visitação aos 67 parques nacionais existentes no Brasil tem potencial para gerar entre R$ 1,6 e 1,8 bilhão por ano, considerando as estimativas de fluxo de turistas projetadas para o país até 2016 (Medeiros et al., 2011). Esse estudo evidencia o enorme potencial que a atividade tem para contribuir com a geração de receita para dentro e para fora das unidades. Infelizmente, o que se vê hoje são políticas e iniciativas muito tímidas para tirar proveito desse potencial.

Em 2014, o Instituto Semeia lançou uma publicação intitulada "Além da conservação e do impacto econômico", a fim de ilustrar outra contribuição fundamental que determinados tipos de áreas protegidas e outros espaços verdes urbanos podem trazer para a população: bem-estar e ganhos à saúde. A publicação apresenta estudos realizados em diversos países do mundo, que atestam que os espaços verdes e o contato com a natureza geram impactos positivos para a saúde, como a diminuição do estresse e da fadiga mental, o aumento da coesão social na vizinhança e a redução dos índices de criminalidade e violência (Semeia, 2014). De fato, quando os primeiros parques foram concebidos, ainda no século XIX, havia uma expectativa de que o convívio e a exposição às áreas naturais poderiam promover maior bem-estar psicológico, reduzir o estresse associado à vida urbana e promover a saúde física (Ulrich, 1993 *apud* Trzyna, 2005).

Entretanto, apesar do crescente esforço para ampliação do turismo nas UCs, é muito provável que apenas uma pequena parcela da sociedade tenha condições de visitar as prístinas e remotas áreas naturais brasileiras (Pellin et al. 2014). Desse modo, o conjunto de atrativos naturais e histórico-culturais, as belezas cênicas e paisagísticas presentes nas UCs urbanas, associados aos devidos investimentos em infraestrutura e serviços, podem fazer com que essas áreas se tornem palco para o desenvolvimento de uma série de atividades recreativas, esportivas, educativas e espirituais e acarretar ganhos para toda a sociedade. Além disso, uma área protegida urbana gerenciada e preparada para receber e interagir com visitantes, além dos demais atores sociais, é uma poderosa ferramenta na construção de um grupo político de pressão em defesa da causa conservacionista (Menezes e Mendes, 2001).

3.1.1 Usos turísticos e recreativos

As quatro áreas que subsidiaram as experiências discutidas neste livro contam com atividades de uso público com finalidade turística e recreativa, as quais serão descritas a seguir.

O Rio de Janeiro é considerado a porta de entrada do Brasil, recebendo aproximadamente 34% de todos os turistas estrangeiros que chegam ao país (Prefeitura do Rio de Janeiro, 2009). A cidade é bem conhecida por seus atrativos turísticos e paisagens naturais, e até 2013 contava com 23 UCs, sendo que pelo menos 20 delas encontravam-se abertas à visitação, com finalidade de recreação e/ou educação ambiental, apresentando maior ou menor nível de implementação (Pellin et al. 2014). Entre suas atrações destacam-se o Corcovado (uma das sete maravilhas do mundo) e o Morro do Pão de Açúcar, ambos localizados em áreas protegidas.

O PEPB é a maior UC da cidade do Rio de Janeiro e reúne os elementos necessários para a prática do turismo de natureza, tanto pelos seus atributos naturais quanto pela sua localização (Mello, 2005). Embora o parque tenha sido criado em 1974, apenas a partir do ano 2000 as atividades de visitação e práticas de turismo na natureza começaram a ser desenvolvidas na unidade, na época ainda de forma desordenada e pouco controlada (Costa et al., 2009).

A visitação pública do PEPB está sujeita às normas e restrições estabelecidas no Decreto Estadual nº 42.483/201[25], que disciplina o uso público nos parques estaduais administrados pelo INEA. Segundo Pellin et al. (2014), as principais atividades estão voltadas ao turismo recreativo, e envolvem, principalmente, caminhadas em trilhas, contemplação da natureza, prática de exercícios físicos e banhos de cachoeira (**Figura 17**).

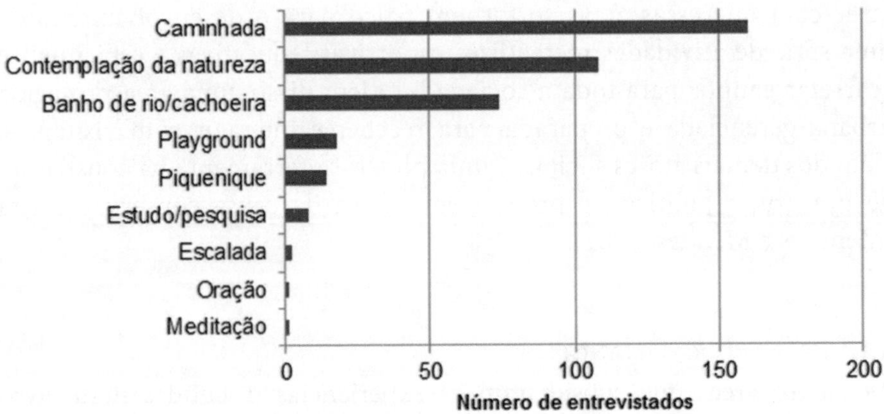

Figura 17. Principais atividades realizadas no PEPB.
Fonte: Pellin et al. (2014).

25 Segundo o Decreto Estadual nº 42.483/2010, que estabelece diretrizes para o uso público nos parques estaduais administrados pelo INEA, as seguintes atividades são autorizadas, desde que previstas no plano de manejo: 1) visitação para lazer e recreação; 2) esportes de aventura; 3) esportes radicais; 4) turismo de aventura; 5) ecoturismo; 6) educação ambiental; 7) interpretação ambiental; 8) pesquisa científica; 9) atividades artísticas de fotografia, filmagem e artes plásticas; além de outras atividades compatíveis com os propósitos e objetivos dos parques estaduais, a critério do INEA.

O parque possui diversos acessos, dada a sua grande extensão e o fato de fazer limite com vários bairros. Os principais e que possuem algum tipo de infraestrutura são: i) a sede do Pau da Fome, que conta com um centro de visitantes bem equipado, mas que necessita de reformas e ampliação e atualização da exposição permanente, sendo que é nessa região que existe o maior controle de visitação na UC; ii) o núcleo do Camorim, que conta com algum controle da visitação; iii) o núcleo Piraquara, que não contava com controle de visitantes até 2011, sob a justificativa de que o número de pessoas que utilizavam o parque era muito grande, dificultando a tarefa (**Figura 18**); e iv) o posto da Vargem Grande e o posto do Rio da Prata, nos quais não havia controle, pois localizam-se em áreas que dão acesso às moradias existentes no interior da UC (INEA, 2012a).

O PEPB apresenta diversas opções de atrativos turísticos, tanto ambientais quanto histórico-culturais. Pellin et al. (2014) identificaram inúmeros sítios que já são utilizados ou que poderiam vir a ser explorados para visitação

Figura 18. Visitação no núcleo Piraquara - PEPB.
Fonte: Gislaine de Carvalho.

(**Figura 19**). Entre eles estão: 11 pontos que servem como mirantes, proporcionando vista para diversas paisagens do parque e da cidade, entre os quais se destacam a Pedra do Quilombo e a Pedra Jesus Vem; pelo menos 10 pontos ou atrativos relacionados aos recursos hídricos, como o circuito do Rio Grande, na sede do Pau da Fome, o circuito das águas, na região do Camorim, o Rio Piraquara e a Cachoeira do Barata, ambos na região do núcleo Piraquara; 21 trilhas principais, como a trilha do Rio Grande, a trilha do Quilombo, a trilha do Pau da Fome (todas na região da sede do Pau da Fome), a trilha da Cachoeira e a do Açude Camorim, na região do Camorim; e ao menos sete travessias que unem diferentes trilhas e permitem longas caminhadas no interior do parque, mas que têm sido pouco utilizadas (Pellin et al., 2014). As autoras destacam ainda que inúmeros pontos de escalada já foram mapeados no interior do PEPB pela Federação de Montanhismo do Estado (FEMERJ, 2010).

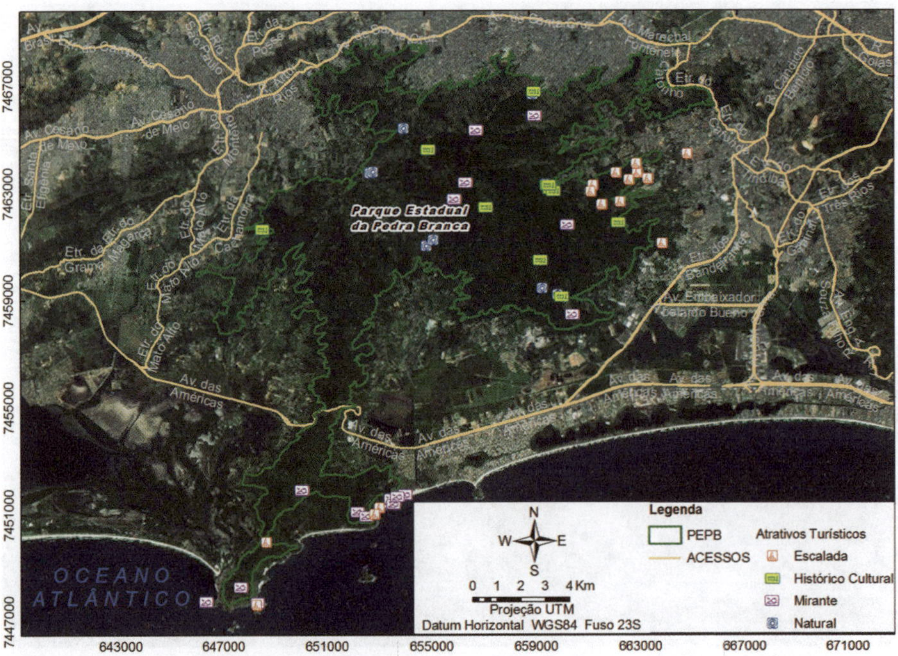

Figura 19. Atrativos turísticos mapeados no PEPB.
Fonte: Pellin et al., 2014.

Além dos aspectos ambientais e de turismo em contato com a natureza, o parque também apresenta um relevante patrimônio histórico-cultural que pode ser utilizado em atividades de interpretação e educação ambiental (**Figura 20**). A lista de sítios de interesse histórico, cultural e arqueológico inclui ruínas e edificações remanescentes de fazendas coloniais, construídas no fim do século XIX e início do século XX, como a represa e açude do Camorim[26], a represa do Pau da Fome e os Sítios Históricos de Carvoaria, resquícios da extração de madeira do maciço da Pedra Branca para a fabricação de carvão vegetal entre os séculos XIX e XX (Pellin et al., 2014).

Dados obtidos junto à administração durante a elaboração do plano de manejo da UC, em 2010, indicaram que a sede do Pau da Fome recebeu 5.500 visitantes e o núcleo do Camorim recebeu quase 4.000 pessoas, mas esse número deve ser muito maior se contabilizados os outros acessos à UC.

26 Tombados pelo Instituto Estadual do Patrimônio Cultural (INEPAC).

Figura 20. Aqueduto da Represa do Pau da Fome no interior do PEPB. Fonte: Angela Pellin.

Os meses com visitação mais intensa são dezembro e janeiro, possivelmente em razão do verão e das férias escolares (Pellin et al., 2014).

Segundo entrevistas realizadas com visitantes do PEPB em 2010, a maior parte deles (95%, n = 203) é proveniente da cidade do Rio de Janeiro, sendo que 77% residem em bairros limítrofes à UC, reafirmando sua importância para os moradores do entorno, muitos dos quais vivem em bairros que são extremamente carentes de áreas verdes e de infraestrutura para o lazer. Os números também sugerem que é fundamental ampliar a divulgação da UC para que ela possa atrair mais visitantes de outras regiões da cidade e do estado.

A oportunidade de contato e contemplação da natureza e os recursos hídricos (cachoeiras, rios e açude) estão entre os itens mais apreciados pelos visitantes, sendo que alguns também apontam que a permanência no parque proporciona sentimentos de paz e tranquilidade (Pellin et al., 2014).

Entre os entrevistados, a maior parte (52%) tem até o ensino médio completo e o restante divide-se entre ensino técnico, graduação e pós-graduação. Esses números diferem um pouco dos obtidos por Malta e Costa (2009) para a Floresta da Tijuca (um dos setores do Parque Nacional da Tijuca), em que 61,40% dos entrevistados afirmaram ter ensino superior, demonstrando que existe uma diferença no perfil dos visitantes entre esses parques urbanos. Essa diferença também se reflete na renda familiar. No PEPB, a maioria dos visitantes (45%) recebe entre um e três salários mínimos, seguido de uma grande parcela (26%) que recebe entre quatro e seis salários (Pellin et al., 2014).

Isso reforça sua importância como área de recreação, principalmente para os moradores de baixa renda que vivem em suas proximidades e muitas vezes não têm outras opções de lazer que sejam, ao mesmo tempo, gratuitas e próximas de suas residências. É importante ressaltar que uma grande parcela da população brasileira vive essa mesma realidade, ou seja, apresenta uma renda média familiar insuficiente para investir em atividades de recreação que envolvam viagens e custos mais elevados (Pellin et al., 2014). Daí a importância de se investir e fortalecer o uso público em parques urbanos e UCs como o PEPB, que podem ser a única opção de lazer em contato com a natureza para muitos brasileiros.

A maioria dos visitantes (87%) costuma vir acompanhada ao PEPB, em geral por amigos e familiares, e as visitas são breves, em torno de uma a duas horas (61% das respostas), sobretudo no núcleo Piraquara, no qual a maior parte dos visitantes utiliza a área para caminhadas rotineiras. Mas para as outras regiões do parque o tempo de permanência é maior, em torno de quatro horas. Nesse sentido, os investimentos na estruturação de atrativos e trilhas e na implantação de novas atividades e serviços voltados ao uso público poderão, futuramente, manter os visitantes por mais tempo no parque.

No entanto, o diagnóstico realizado para a elaboração do plano de manejo da UC permitiu constatar que, na época do estudo, o parque não oferecia serviços e infraestrutura adequados para atender a visitação. Faltavam serviços de guia e monitoria, sinalização informativa e interpretativa, manejo adequado das trilhas e funcionários em número suficiente para orientar os visitantes e fiscalizar atividades inapropriadas (INEA, 2012a). A maior parte das trilhas utilizadas pelos visitantes é anterior à criação da unidade, ou surgiu após sua criação pelas demandas de uso por parte de moradores e visitantes, mas sem o planejamento adequado, e inúmeras apresentam problemas relacionados à drenagem da água, causando o alargamento do corredor, erosão do piso e consequente exposição de raízes. Outra consequência é que as trilhas do PEPB hoje se configuram como uma extensa rede com dezenas de acessos para o interior do parque (INEA, 2012a). A falta de sinalização adequada, indicativa e interpretativa, também contribui para que a situação se agrave. Além disso, Pellin et al. (2014) também registraram atos de vandalismo em todas as trilhas, em maior ou menor intensidade, como árvores danificadas, inscrições em rochas, placas quebradas e pichadas, entre outros.

O plano de manejo do PEPB prevê uma série de atividades para incrementar o uso público da unidade e consolidá-la como destino turístico da cidade do Rio de Janeiro. Entre elas está a complementação do diagnóstico dos atrativos e trilhas, a condução de um estudo de capacidade de suporte e a implantação de um programa de monitoramento do uso público, para reorientar a atividade na unidade. O plano prevê ainda outras atividades, como o desenvolvimento de um projeto de sinalização indicativa e interpretativa para o PEPB, a ampliação da equipe destinada ao uso público e a promoção de uma campanha de divulgação do parque em diversas mídias.

Alguns avanços ocorreram desde a conclusão do plano de manejo da UC. Em 2013 foram contratados 25 guarda-parques por meio de um concurso público específico para essa função, realizado pelo INEA. Além de proteção e fiscalização da UC, os guarda-parques também desempenham um papel importante nas ações de educação ambiental e interpretação natural, cultural e histórica.

Outra iniciativa foi a implantação de um projeto específico de fortalecimento e gestão do uso público para o incremento da visitação em 12 parques estaduais do INEA, entre eles o PEPB. O projeto foi coordenado pelo INEA, em parceria com o Instituto Terra de Preservação Ambiental e com recursos da Câmara de Compensação Ambiental, e pretendia incrementar a visitação nos parques prevendo a realização de uma série de ações que incluíam: i) elaboração de planos estratégicos emergenciais de uso público; ii) orientação e capacitação de guarda-parques; iii) ações do programa de voluntariado e guias e condutores; iv) ações junto aos usuários dos parques (controle, cadastro, perfil e satisfação em relação aos guias, condutores, empresas e demais visitantes e ações para interação com eles); v) ações de planejamento e manejo de trilhas; vi) ações de interpretação ambiental (com escolas do entorno, universidades, visitantes etc.); vii) ações de comunicação social; viii) ações de relacionamento com o *trade* turístico; ix) ações junto aos conselhos consultivos; e x) alimentação de um banco de dados. Os resultados desse projeto ainda não foram divulgados oficialmente, mas informações de técnicos ligados ao INEA confirmam que são bastante positivos e que contribuíram para o incremento na visitação da UC.

Outra iniciativa que deve alavancar o uso público no PEPB é a implantação da trilha Transcarioca, que liga a região de Guaratiba, próxima ao PEPB, a dois grandes pontos turísticos do Rio de Janeiro: o morro do Pão de Açúcar e o morro da Urca. A trilha foi idealizada por Pedro da Cunha e Menezes, na década de 1990, abrange cerca de 150 km e deve interligar o PEPB a diversas UCs integrantes do Mosaico Carioca (Pellin et al., 2014).

Assim como o PEPB, a RBG também está localizada na cidade do Rio de Janeiro. Segundo o SNUC, algumas categorias de manejo, como as reservas biológicas, permitem apenas atividades de educação e interpretação ambiental, limitadas e controladas, e que devem ser desenvolvidas de acordo com regulamento específico da unidade. Porém, em razão da proximidade da RBG com a área urbana e com o PEPB e por abrigar um ecossistema tão peculiar como o manguezal, o INEA trabalha com a perspectiva de ampliar sua visitação. Esta deverá seguir com o propósito educativo, como prevê o SNUC, e as visitas sempre devem ser guiadas e monitoradas por seus funcionários, porém diversificando o perfil de visitantes, que hoje é limitado ao público escolar.

Nesse sentido o plano de manejo da UC prevê a realização de melhorias em sua infraestrutura, com a construção de um centro de educação ambiental, a criação de um programa de educação ambiental e patrimonial, que explore os aspectos ambientais e arqueológicos da RBG, com o mapeamento de atrativos, definição de trilhas e o desenho de um roteiro de visitação para turistas e outros visitantes, bem como a ampliação e formação da equipe de guarda-parques da unidade (INEA, 2012b).

Outra área que compôs os estudos de caso desta publicação foi o PSB, localizado na cidade de Salvador, outra importante capital e destino turístico do país. Existem registros de que na década de 1980 o PSB foi um dos pontos mais visitados da cidade de Salvador (TVF2J, 2008). Uma das legítimas vocações desse parque é, sem dúvida, o uso público, visto que mesmo antes da publicação do seu decreto de desapropriação o local já recebia visitantes, cativados pelos inúmeros atrativos que ele detém, como a sua cobertura florestal, rios, cachoeiras e trilhas. Além disso, o parque também é considerado um "território étnico repleto de referências sociorreligiosas afro-brasileiras" (Formigli, 1998) utilizado para a prática de rituais das religiões de matriz africana. Formigli (1998) relata que não há dados históricos que apontem com exatidão quando a área do PSB passou a ter uso religioso, que veio a defini-la como um sítio sagrado, mas, segundo Ribas (2010), desde a década de 1950 era comum a presença de romarias formadas por pessoas ligadas ao candomblé, com banhos de cachoeira em rituais de purificação. Essa atividade teve o seu auge entre a década de 1970 e o início da década de 1980, época em que o parque dispunha de infraestrutura razoável para receber os visitantes, que, segundo relatos de funcionários, chegavam a mais de 500 pessoas por dia em determinadas ocasiões (CONDER, 2013).

Entre os atrativos existentes no PSB estão a cachoeira de Oxum (a cachoeira mais próxima da entrada e, por conseguinte, a mais visitada), a cachoeira de Oxumaré (também conhecida como cachoeira de São Bartolomeu, muito frequentada especialmente para os festejos de São Bartolomeu e para a Festa da Independência da Bahia), a cachoeira de Nanã, a aldeia de Caboclos, pedra do

Tempo, pedra de São Bartolomeu, pedra de Xangô, pedra de Omolu, cachoeira do Cobre, pedra de Ogum, pedra de Oxumaré, pedra de Xangê, pedra de Iansã e pedra do Boiadeiro (**Figura 21**). Além disso, existe um conjunto de trilhas, algumas que funcionam como acesso secundário e outras que são utilizadas pelos moradores do entorno por promoverem a conexão entre bairros. Entre elas destacam-se a trilha Principal, a trilha do Retorno, a trilha da Ilha Amarela e a trilha do Conjunto Senhor do Bonfim (CONDER, 2013).

Figura 21. Cachoeira no interior do PSB.
Fonte: Angela Pellin.

Não há dados sistematizados acerca da visitação no PSB, mas os relatos indicam que entre as décadas de 1990 e 2000 a visitação entrou em declínio. Entre os motivos estão os problemas ligados à crescente ocupação desordenada em seu interior e no entorno, que contribuíram para a degradação da área, com a poluição e contaminação das cachoeiras e dos demais ambientes do PSB, especialmente dos atrativos turísticos, como as cachoeiras de Oxum, Nanã e Oxumaré. Além disso, o aumento da violência urbana e a própria falta de infraestrutura e a gestão inadequada do território podem ter contribuído para esse declínio (CONDER, 2013).

A falta de segurança no local é um tema recorrente e os relatos indicam que isso passou a se configurar como um problema para o PSB na década de 1970. Há registros de assaltos a grupos de turistas, roubo de ferramentas e equipamentos dos trabalhadores da prefeitura, roubo de artefatos utilizados para ritos religiosos e até mesmo ocultação de cadáveres, evidenciando que lidar com a questão da segurança e da violência é central para a reestruturação do uso público.

Diferente das demais áreas abordadas neste livro, o PSB ainda não foi reclassificado como UC (Parque Natural Municipal), embora exista essa expectativa por parte das instituições que o administram. Atualmente ele se enquadra no Sistema de Áreas Verdes da cidade de Salvador como um parque urbano, e, como tal, funciona como uma área de lazer e recreação para as comunidades que vivem no conjunto de bairros que o margeiam, sendo, inclusive, a única área verde de que essas comunidades dispõem.

No parque existem quatro campos de futebol, muito frequentados por jovens e adultos da região. Antes mesmo do início da elaboração do plano de manejo, houve um acordo com essas comunidades para que essas áreas fossem mantidas, mesmo com a iminência de o PSB se converter em uma UC. Dois desses campos foram, inclusive, revitalizados e convertidos em praça de esportes (do Rio Sena e da Ilha Amarela), com quadras poliesportivas, pistas de caminhada, brinquedos e quiosques, a partir do Projeto de Desenvolvimento Integrado de Áreas Urbanas Carentes no Estado da Bahia – Projeto Dias Melhores (SEDUR/CONDER/BIRD). Em que pese o conflito que a presença do campo representa em uma UC, acredita-se que, se bem conduzido, contando com uma sinalização adequada e um programa de sensibilização para os frequentadores, ele pode atuar como um canal de comunicação entre os gestores da futura UC e a comunidade. No entanto, o uso desses equipamentos deve ser monitorado para verificar os eventuais problemas e benefícios associados a essa decisão, o que deverá determinar os ajustes necessários na gestão desses espaços.

O projeto de urbanização incluiu investimentos na infraestrutura do parque, como o cercamento da área, a implantação da via de contorno, a construção de guaritas, a restauração das trilhas, a construção de um centro de referência e dois centros de cidadania e cultura, um no bairro de Pirajá e o outro no bairro de Rio Sena, que irão contribuir sensivelmente para o incremento do uso público. Essas ações devem conciliar algumas demandas do parque e de moradores da região, tais como: exaltar o potencial do PSB e a sua importância como área verde, de contemplação e lazer para a região do Subúrbio Ferroviário de Salvador, auxiliar na proteção do seu patrimônio natural e histórico-cultural, suprir a carência de equipamentos culturais, bem como oferecer mecanismos para o desenvolvimento local e a geração de renda para comunidades do entorno.

Com a intenção de ordenar o uso do território e potencializar as oportunidades que ele oferece associadas ao uso público, o plano de manejo previu a constituição de uma equipe específica para essa finalidade, o manejo das trilhas do PSB – com ajustes de traçado, acerto de piso, instalação de estruturas de drenagem etc. –, além da implantação de sinalização interpretativa e indicativa. Também há recomendações relacionadas à definição de roteiros de visitação que incorporem os aspectos ambientais e histórico-culturais da área, tão marcantes na história desse parque. Outro aspecto fundamental indicado no documento é o ordenamento e a compatibilização dos usos religiosos com os demais usos previstos para o parque.

O PNMFC está localizado na zona leste do município de São Paulo, a maior metrópole do país, constituindo-se também como importante destino turístico. Conforme levantamento realizado por Nakagawa (2011), as zonas leste e norte da cidade seriam as menos favorecidas em relação à existência de equipamentos de lazer e cultura, incluindo os parques. Essa mesma desigualdade se apresenta ao se analisar a distribuição da oferta de atrativos turísticos no município (São Paulo Turismo, 2008). Nesse contexto, o PNMFC assume um papel regional importante, ainda mais considerando que integra um complexo de áreas de lazer da região, contíguo ao Parque

Municipal do Carmo - Olavo Egydio Setúbal e ao Sesc Itaquera, todos inseridos na APA Parque e Fazenda do Carmo (**Figura 22**).

A proximidade com o Parque do Carmo, que dispõe de uma excelente infraestrutura (constituída pela antiga sede da Fazenda do Carmo, monjolo, lagos, estacionamento, anfiteatro natural, aparelhos de ginástica ao ar livre, campos de futebol, ciclovia, pista de corrida, *playgrounds*, quiosques, churrasqueiras, gramado para piquenique, conjuntos de sanitários, redários etc.), e do Sesc Itaquera, que também dispõe de uma infraestrutura privilegiada (em que são desenvolvidas atividades de lazer e cultura para os moradores da região, além de projetos de educação ambiental), cria uma oportunidade para atrair visitantes para o PNMFC ou mesmo para o desenvolvimento de roteiros e programas integrados, considerando os perfis específicos de cada área.

No entanto, desde a criação da UC, em 2003, o parque se manteve fechado à visitação, não desenvolvendo nenhum tipo de atividade recreativa ou educativa aberta ao público e com acesso liberado somente para fins de pesquisa científica. Além disso, até o início do seu plano de manejo, em 2012, a unidade contou com poucas oportunidades para integração com as populações do entorno, o que torna o uso público um dos temas prioritários para a sua gestão.

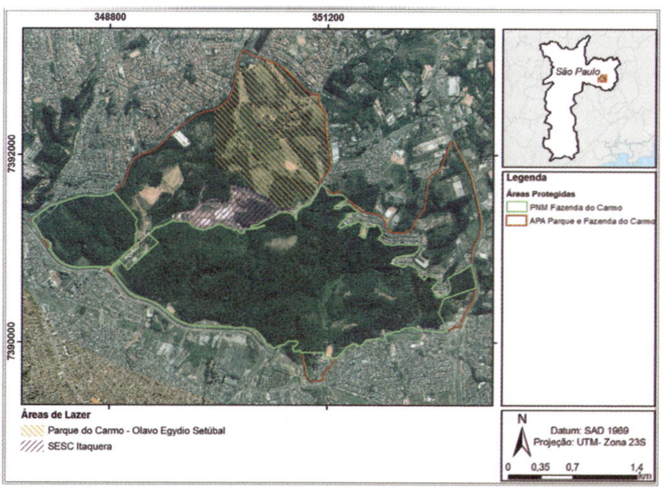

Figura 22. Complexo de áreas protegidas, de lazer e cultura no distrito Parque do Carmo. Fonte: Prefeitura de São Paulo (2014).

Um diagnóstico para mapear as potencialidades e fornecer subsídios para o planejamento da implantação de atividades recreativas e educativas foi realizado durante a elaboração do plano de manejo, com mapeamento dos principais atrativos naturais da UC. Entre os atrativos mapeados estão cinco mirantes, quatro sítios que envolvem recursos hídricos e nove trilhas, que foram caracterizadas identificando-se o tempo de percurso, o grau de dificuldade e o propósito para o qual elas podem ser utilizadas (lazer, interpretação ambiental etc.), assim como foram levantados os problemas e as intervenções necessárias para o aproveitamento do potencial desses sítios (Prefeitura de São Paulo, 2014).

Existe ainda um campo de futebol dentro dos limites da UC, o Campo do Tabor, localizado bem próximo à favela que leva o mesmo nome. Esse campo é frequentemente usado por moradores do entorno, inclusive por crianças que recebem aulas de futebol no local. A alternativa encontrada pelos gestores do parque foi a construção de um centro de educação ambiental nas imediações do campo, como forma de compatibilizar o seu uso com atividades de educação ambiental, lazer e recuperação ambiental, que possam atrair a atenção dos usuários do local e de outros membros da comunidade, visando transformar o potencial conflito em oportunidade (Prefeitura de São Paulo, 2014). O plano de manejo também propôs a desafetação da área do campo do território do parque, já que ocupa uma área pequena e bastante alterada em seu limite.

As trilhas e edificações existentes no PNMFC até 2014 apenas destinavam-se a apoiar as ações de fiscalização e manutenção. Cabe destacar que a estrutura existente é provisória e há planos para sua reestruturação. O parque já conta com recursos para a implantação de um projeto de reestruturação do seu sistema de trilhas considerando suas diversas aptidões, como vigilância, pesquisa, ecoturismo e educação ambiental.

Como se pode observar, todas as áreas avaliadas necessitam de investimentos para consolidação de programas de uso público em seu território, de forma a aproveitar seu potencial e ampliar a visitação, qualificando a experiência de seus usuários. Esse é um desafio que se apresenta para a maioria das UCs brasileiras que preveem visitação e que não é diferente para as áreas protegidas urbanas.

3.1.2 Educação ambiental formal e informal

Sensibilizar e despertar a consciência crítica de grupos sociais no entorno das áreas protegidas e estimular a participação da comunidade na proteção dos recursos naturais têm sido consideradas ações bastante efetivas para a proteção dessas áreas (Maroti, 2002). Essa consciência crítica pode ser estimulada por meio da educação ambiental, que tem como desafio promover a mudança de valores, posturas e atitudes, sendo necessário integrar suas ações aos aspectos ecológicos, políticos, culturais e éticos (Cerati e Lazarini, 2009).

Segundo Rocha (1997), além de dialogar com os objetivos específicos de cada UC, os programas de educação ambiental devem contribuir fundamentalmente para: i) criar ou fortalecer apoio público; ii) criar ou melhorar canais de comunicação com a população; iii) desenvolver a consciência conservacionista e promover o reconhecimento local quanto à importância das UCs; e iv) servir como instrumento de envolvimento e participação popular.

A educação ambiental é um dos compromissos sociais de todas as categorias de manejo de UCs (Vasconcellos, 2006) e pode contribuir para sensibilizar as comunidades quanto à importância dessas áreas, para assegurar a conservação da biodiversidade e os benefícios delas advindos. Ela representa, portanto, um elemento estratégico no planejamento e gestão dessas áreas, ao contemplar o envolvimento das comunidades locais, buscando harmonizar a relação dos moradores com a área protegida e também oferecer oportunidades de educação e sensibilização aos visitantes (Indrusiak, 2000).

As áreas protegidas têm ainda potencial singular para a realização de processos educativos, principalmente envolvendo professores e estudantes, além de proporcionar um espaço para o estudo do meio em ambientes naturais, principalmente quando elas dispõem de estruturas, equipamentos e técnicos ligados à área ambiental, que favorecem o seu desenvolvimento (São Paulo, 2009).

No Rio de Janeiro, o PEPB tem desenvolvido ações de educação ambiental principalmente para o público escolar (**Figura 23**). No ano de 2011, uma profissional pertencente ao núcleo pedagógico da UC se dedicava, entre outras tarefas, ao contato com escolas para a divulgação do

Figura 23. Grupo escolar no centro de visitantes do PEPB, localizado no núcleo Pau da Fome. Fonte: PEPB.

parque, por meio de realização de palestras nas instituições e agendamento de visitas à UC (INEA, 2012a).

As atividades realizadas envolvem, principalmente, professores e estudantes de escolas públicas e particulares e têm como ponto de partida o centro de visitantes da sede do núcleo Pau da Fome. Os sítios visitados incluem a represa da Companhia Estadual de Águas e Esgotos (CEDAE) e caminhadas por trilhas ecológicas, como a trilha Rio Grande, que é a mais utilizada para fins educativos em razão dos seus atrativos e do baixo nível de dificuldade. Também são distribuídos materiais informativos sobre o parque, como folhetos e cartilhas educativas.

Nos anos de 2010 e 2011 a sede do Pau da Fome recebeu aproximadamente 1.100 e 1.190 pessoas, respectivamente; já o núcleo de Camorim recebeu, em 2010, a visita de 120 alunos (Pellin et al., 2014). Há ainda um projeto de educação ambiental intitulado "A Escola e o Parque Estadual da Pedra Branca", que é desenvolvido no PEPB sob a coordenação do Grupo de Estudos Ambientais da Universidade do Estado do Rio de Janeiro

(GEA/UERJ). Esse projeto é desenvolvido desde 2001 e tem como objetivo compartilhar os conhecimentos adquiridos pela comunidade científica com professores e alunos das escolas próximas ao parque. Desde a sua criação, mais de 20 escolas já foram contempladas com ações do projeto (Costa, 2011).

O PEPB conta com algumas instituições parceiras, sobretudo empresas, que fornecem apoio logístico, lanches e brindes para os estudantes que visitam a UC. Uma das grandes dificuldades das escolas é conseguir transporte para chegar até o parque, e a administração da área vinha trabalhando na construção de alternativas para minimizar esse problema (INEA, 2012a).

Pellin et al. (2014) avaliam que, embora existam vários projetos em andamento, as ações estão quase na sua totalidade concentradas na sede, e, desse modo, é necessário ampliá-las para outras regiões da UC e promover uma integração maior entre os projetos desenvolvidos. Outra questão relevante é a inexistência de programas ou ações voltadas especificamente para a população local, o que não contribui para a melhoria das relações conflituosas existentes entre a administração e os moradores, sobretudo aqueles que residem no interior do parque.

O plano de manejo recomenda que as ações de educação ambiental incluam os moradores da UC e do entorno e atividades de capacitação para professores e funcionários em questões relacionadas à conservação ambiental e sustentabilidade, para estimular e qualificar ainda mais as ações junto às escolas. O fortalecimento de ações nesse sentido é uma demanda altamente prioritária para essa área, que apresenta grande potencial de disseminação de informações e necessita estreitar laços com moradores do seu interior e do entorno imediato.

Dada a riqueza do patrimônio histórico e cultural do PEPB, também é recomendável o estabelecimento de um programa visando sua valorização perante a comunidade do entorno e os visitantes. O princípio da educação patrimonial é contribuir para a ampliação de uma nova visão do patrimônio cultural brasileiro em sua diversidade de manifestações, a ser utilizada e explorada na educação de crianças e adultos, ou ainda como instrumento de motivação, individual e coletiva, para a prática da cidadania (Horta, 1999). Trata-se de um processo educacional permanente e sistemático, centrado no patrimônio cultural como fonte primária de conhecimento e enriquecimento individual e coletivo (Horta, 1999), princípios que dialogam inteiramente com aqueles da educação ambiental.

Em relação à sua vizinha, a RBG, o potencial relacionado à educação ambiental também é imenso (**Figura 24**). Essa reserva protege uma área de manguezal, um ecossistema muito rico e que, em razão das suas peculiaridades, desperta a atenção de diversos públicos, tornando-se um ambiente propício para o desenvolvimento de programas dessa natureza. Vale destacar ainda a importância que a unidade apresenta no contexto histórico, cultural e arqueológico, pois protege 18 dos 34 sambaquis (sítios arqueológicos) identificados na planície costeira de Guaratiba (INEA, 2012b).

Assim, além dos atributos ambientais, é fundamental explorar a história e outras informações sobre esses sítios arqueológicos na condução de um programa de educação ambiental e patrimonial na unidade. A RBG não possui um programa estruturado de educação ambiental e patrimonial, mas

Figura 24. Vista do interior da RBG, com suas áreas de manguezal ao fundo. Fonte: Angela Pellin.

tem recebido a visita de alunos do ensino fundamental e médio, de escolas públicas e particulares, e, em menor escala, de estudantes universitários (INEA, 2012b).

Até 2011 a reserva não dispunha de infraestrutura destinada ao atendimento do público, como um centro de visitantes, mas há um projeto aprovado pela Câmara Técnica de Compensação Ambiental para a construção de um centro de educação ambiental e visitação em Araçatiba, na região sudeste da unidade, que também é um dos sítios utilizados pelas escolas. Outro local utilizado pelos estudantes localiza-se no interior do Centro Tecnológico do Exército (CTEx), que é vizinho à unidade. Nesse caso os visitantes têm de se adequar aos dias e horário de funcionamento do centro, para acessar uma área de manguezal que pertence à UC. Até o fim de 2011 a RBG também não dispunha de materiais informativos e de divulgação, mas algumas placas de sinalização foram implantadas nos limites da UC no fim desse ano.

As visitas são sempre acompanhadas pelo gestor da unidade ou guarda-parque. O funcionário que acompanha os visitantes apresenta a área, destacando sua importância no contexto socioambiental, e orienta os visitantes quanto às regras de comportamento dentro da reserva, assegurando que as atividades sejam realizadas dentro dos limites permitidos e de forma a não causar impactos ao ambiente natural. No entanto, como as ações de educação ambiental caracterizam-se, em sua maioria, por estudos do meio e aulas práticas de conteúdos trabalhados em sala de aula, geralmente associados ao ecossistema manguezal, os próprios professores coordenam as atividades com os alunos.

Entre 2007 e 2010 apenas 162 pessoas, entre estudantes e professores de ensino fundamental e superior, visitaram a RBG, sendo que em 2008 não houve visitação escolar. É provável que esse número esteja subestimado, uma vez que não foi possível levantar informações sistemáticas, mês a mês, das visitas realizadas para todos esses anos, por falta de registros precisos. Em 2011, 1.002 pessoas, entre professores e estudantes do ensino fundamental e médio, visitaram a RBG, o que representa um número bastante expressivo se comparado aos anos anteriores (INEA, 2012b).

A maior parte das escolas que visita a RBG é da rede particular de ensino, cujos alunos pagam pelo transporte até a unidade, sendo que apenas uma escola pública havia visitado a UC até o ano de 2012. Assim, fica evidente que, como no PEPB, o transporte é um desafio para ampliar o recebimento de alunos na reserva. O chefe da UC buscava uma parceria com o CTEx para conseguir um ônibus para fazer o transporte das crianças, ampliando o acesso e consequentemente a visitação com fins educacionais (INEA, 2012b).

O principal parceiro da UC para a atividade de visitação escolar é o CTEx. Outras instituições, como a ONG Mundo da Lama, com a qual a RBG tem um termo de cooperação com foco nas atividades educativas, e a Associação de Moradores da Barra de Guaratiba também já atuaram em parceria.

O plano de manejo da RBG recomenda a implantação de um programa de educação ambiental e patrimonial amplo e contínuo, destinado ao público estudantil, mas que envolva também os moradores do entorno, pescadores artesanais e coletores de caranguejo, professores, funcionários da UC, entre outros. Esse programa deve vir acompanhado de uma definição dos pontos de visitação e roteiros de atividades a serem oferecidas para as escolas e outros públicos. Outro aspecto fundamental é que esse conjunto de atividades possa ser monitorado e avaliado periodicamente pela equipe da unidade, de modo a mensurar o efeito das intervenções na ampliação do conhecimento e sensibilização dos alunos e demais públicos, bem como medir a efetividade das ações para fazer eventuais ajustes. Também é recomendável o desenvolvimento de um programa de formação dos funcionários da UC que irão implementar o programa de educação ambiental e patrimonial, bem como envolver e capacitar representantes das comunidades do entorno para que possam atuar como monitores nas atividades de campo, aumentando a interação entre comunidade e a unidade, contribuindo, assim, para o desenvolvimento local (INEA, 2012b).

O diagnóstico do PSB evidenciou que ele atualmente não possui um programa de educação ambiental nem mesmo desenvolve ações educativas isoladas. No entanto, uma iniciativa que se destaca, desenvolvida nos anos 1990, foi o Programa Memorial Pirajá, que abarcou inúmeras atividades que mobilizaram a sociedade civil e os governos no desenho de propostas para a revitalização do parque (CONDER, 2013).

Os funcionários do parque relataram que, no passado, por volta dos anos de 1970 e 1980, o local recebia a visitação de diversos grupos, como escolas, universidades, praticantes de candomblé, entre outros. Essas pessoas vinham tanto da região do Subúrbio Ferroviário como de outros pontos da cidade de Salvador e até de outros estados. Alguns funcionários cumpriam o papel de condutores das visitas e informavam os visitantes sobre a história local e sobre a importância e o significado da área para as religiões de matriz africana, as quais faziam uso bastante intenso do parque na época. Mas a demanda era espontânea e não havia um planejamento ou monitoramento da atividade, nem capacitação específica para os funcionários (CONDER, 2013). Com o decorrer dos anos o número de funcionários do PSB foi reduzido e os poucos equipamentos e a infraestrutura existentes tornaram-se obsoletos, interferindo diretamente na manutenção das atividades locais. Esse contexto, associado a diversos fatores externos, como a intensificação da problemática urbana e o crescimento da violência, contribuiu para a drástica redução de visitantes.

Embora o parque apresente um significativo potencial para ações educativas, tanto do ponto de vista ambiental quanto patrimonial, o atual estado de degradaçao dos seus atrativos, somado à falta de manutenção e à fragilidade da gestão, tem restringido muito a prática educativa no local. Outro agravante é a inexistência de um canal de comunicação direto e permanente entre a gestão da área e a população do entorno, incluindo moradores, comunidade escolar e grupos religiosos.

A intervenção e recuperação de alguns dos principais atrativos do PSB realizada por meio do Projeto de Desenvolvimento Integrado de Áreas Urbanas Carentes no Estado da Bahia – Projeto Dias Melhores (SEDUR/CONDER/BIRD), bem como a construção do Centro de Referência São Bartolomeu e dos Centros de Cidadania e Cultura nos bairros de Pirajá e Ilha Amarela, deve contribuir para mudar essa realidade e oferecer a infraestrutura necessária para a consolidação das ações socioeducativas no parque. A previsão é de que o planejamento e a execução de atividades educativas, sociais e culturais que serão realizadas nos centros de cidadania e cultura sejam conduzidos em parceria com a Secretaria de Cultura da Bahia (SecultBA), que será responsável por sua gestão e dinamização. Para esses centros estão previstas oficinas musicais e outras atividades artísticas, workshops, bem como a realização de cursos e outras atividades de formação.

Como dito anteriormente, o PSB ainda não foi reclassificado como UC, isto é, como Parque Natural Municipal, embora haja essa perspectiva. Além disso, mesmo sendo uma área municipal, todo o projeto de urbanização foi elaborado e conduzido pela Companhia de Desenvolvimento Urbano do Estado da Bahia (CONDER), uma autarquia estadual. O modelo de gestão desse parque, com responsabilidades compartilhadas entre as duas esferas de governo, impõe uma série de desafios para sua gestão, ao mesmo tempo que representa uma oportunidade interessante para consolidar parcerias institucionais estratégicas. Além disso, o grande número de organizações da sociedade civil que já vem atuando com temas ambientais, culturais e sociais na região, bem como as instituições de ensino presentes no entorno, representam uma oportunidade ímpar de parceria para assegurar a implantação de um bom programa de educação ambiental.

Durante a realização do diagnóstico do plano de manejo foram entrevistadas 35 instituições, entre escolas, associações de base comunitária e organizações do terceiro setor que têm atuação local. Durante as entrevistas, 62% das escolas afirmaram nunca ter desenvolvido ações no território do PSB, ao passo que 68% das outras instituições afirmaram que já utilizaram a área do parque para ações educativas, demonstrando a grande discrepância entre esses dois grupos e o baixo envolvimento das escolas que estão localizadas nas imediações (CONDER, 2013).

Quanto ao perfil das atividades desenvolvidas pelas escolas, consistem predominantemente em visitas anuais ou ações pontuais, sem um planejamento para utilização frequente do parque como um espaço educativo. Já as organizações sociais mencionaram que desenvolviam ações diversas, educativas, sociais, culturais e recreativas, sendo que as trilhas do PSB representam o principal atrativo para essas atividades.

Para alinhavar todas essas iniciativas, o plano de manejo recomendou a implantação de um programa de educação ambiental e patrimonial amplo, que atenda os diferentes públicos que interagem com o PSB, como: i) moradores que utilizam os recursos naturais do PSB para subsistência (coleta de frutos, madeira, ervas etc.), orientando-os sobre o impacto dessa atividade e estabelecendo medidas para mitigá-lo; ii) público escolar, especialmente alunos do ensino médio e fundamental; iii) pessoas ligadas às religiões de matriz africana que utilizam o PSB, orientando-as sobre os atrativos e sobre os procedimentos que devem ser adotados na prática religiosa no território do parque; e iv) público em geral, que irá desfrutar das atividades de uso público no PSB (CONDER, 2013).

Levantamentos feitos no PNMFC também evidenciaram que, até o ano de 2014, ele não apresentava um programa de educação ambiental. Entretanto, a gestão da UC está empenhada na estruturação do parque, bem como na criação de um programa de educação ambiental formal e informal.

Entrevistas realizadas durante o plano de manejo com representantes de 23 escolas públicas situadas nas proximidades do parque revelaram que a maior parte dos entrevistados nunca havia ouvido falar sobre o PNMFC, e os que já o conheciam alegaram não saber que a visitação está prevista entre os seus objetivos. A falta de segurança no PNMFC e a falta de infraestrutura foram destacadas como motivos que atualmente restringem o interesse pela realização de atividades na UC. Assim, o público escolar prefere frequentar o Parque do Carmo – Olavo Egydio Setúbal, limítrofe ao PNMFC, porque oferece melhores condições de infraestrutura aos visitantes. Porém, 82,61% dos entrevistados afirmaram, de maneira bastante positiva e entusiasmada, que a escola que representam teria interesse em desenvolver e/ou participar de atividades educativas no PNMFC, por vislumbrarem oportunidades de trabalhar temas relacionados ao meio ambiente, de envolver os alunos em atividades que valorizem o entorno da escola e ainda de complementar os projetos com atividades práticas (Prefeitura de São Paulo, 2014).

Existe um projeto para criação do "Centro de Educação Ambiental (CEA) Tabor: Núcleo de Experimentação em Permacultura", que foi concebido pela equipe da Divisão Técnica de Unidades de Conservação e Proteção da Biodiversidade e Herbário, da Secretaria do Verde e do Meio Ambiente de São Paulo, buscando atender uma demanda antiga da população residente no bairro São Gonçalo. O CEA deve promover a aproximação dos moradores locais e demais visitantes e será constituído por diversos equipamentos e atividades, como construções educativas, núcleo de experimentação de diferentes técnicas permaculturais em bioconstrução, gestão das águas, uso eficiente de energia, área para cursos e vivências, espaço educativo de lazer infantil e espaço para produção de mudas nativas para recuperação florestal da unidade. O projeto apresenta como público-alvo as escolas, associações, bem como toda a comunidade do entorno (Prefeitura de São Paulo, 2014).

A implantação do CEA virá acompanhada de um projeto de educação ambiental que prevê o envolvimento de um público bastante amplo, como crianças, jovens, comunidade escolar, lideranças comunitárias, órgãos públicos e instituições não governamentais, com ações específicas para cada um. O programa será desenvolvido com base nas seguintes diretrizes: i) reconhecimento; ii) pluralidade e diversidade cultural; iii) interdisciplinaridade; iv) participação; v) descentralização de poder; vi) enfoque humanista, holístico e democrático; vii) permanência e replicabilidade dos processos realizados; viii) articulação com as questões locais, regionais, nacionais e globais; e ix) processo de avaliação permanente das ações realizadas (Prefeitura de São Paulo, 2014).

Os estudos de caso analisados evidenciam que a educação ambiental é reconhecida como importante instrumento de sensibilização ambiental e comunicação com moradores do interior e do entorno dessas áreas protegidas e seus usuários. No entanto, as iniciativas para consolidação dessas atividades ainda são bastante tímidas e carecem de investimentos relacionados a infraestrutura e recursos humanos. Programas de educação ambiental e patrimonial em áreas protegidas urbanas são fundamentais para a proteção dessas áreas e para ampliar o conhecimento da sociedade sobre a sua importância, bem como de todo o sistema de áreas protegidas, e podem contribuir para a consolidação de movimentos sociais que atuem em sua defesa.

3.1.3 Usos religiosos

O Parque Nacional da Tijuca (PNT) foi um dos primeiros parques no Brasil (se não o primeiro) a avançar no debate para regulamentação dos usos religiosos em áreas protegidas. O uso público religioso na área é consolidado e há décadas praticantes das religiões de matriz africana realizam ali cerimônias, rituais e entrega de oferendas para suas divindades, consideradas guardiões e representações da natureza para religiões como o candomblé e a umbanda (Costa, 2008).

O ordenamento desse uso ocorreu por meio de um longo processo de levantamento de informações, estudos de caso, eventos, oficinas e a criação de grupos de trabalho que acompanharam o tema e fomentaram o diálogo entre os diversos segmentos interessados (Costa, 2008). A alternativa encontrada para o PNT foi a criação de um espaço sagrado oficial, fora da UC, mas contíguo a ela, chamado Espaço Sagrado Curva do S, onde os rituais e as oferendas devem ocorrer. A proposta é que esse espaço seja dotado de infraestrutura como guarita e cancela, totens de sinalização, coletores de resíduos e uma central de tratamento dos resíduos religiosos, com composteira, aterro e área de separação dos materiais para reciclagem. Há a previsão também de que seja construído um viveiro, batizado de Jardim das Folhas Sagradas, para a produção de mudas de espécies de Mata Atlântica que serão utilizadas nos rituais sagrados. No interior da UC os rituais religiosos também são permitidos, porém com restrição de som e a proibição de deixar resíduos, utilizar fogo e entrada de animais (Costa, 2013).

Compatibilizar os usos religiosos com os demais objetivos das UCs é, sem dúvida, um tema polêmico, que requer reflexão. Não é algo simples conciliar os diversos interesses de uso público (incluindo os usos religiosos) e, muitas vezes, o próprio debate sobre esse tema revela a resistência existente contra os usos religiosos, em especial no caso das religiões de matriz africana. No entanto, essa é uma demanda premente em muitas áreas protegidas, sobretudo naquelas que estão em um contexto mais urbano. Assim, é necessário ampliar o diálogo, normatizando esses usos e transformando essas áreas em espaços mais inclusivos.

No PEPB, que assim como o PNT localiza-se na cidade do Rio de Janeiro, também existe intensa demanda para usos religiosos. As manifestações identificadas na UC pertencem tanto às religiões de matriz judaico-cristã, com leituras de evangelhos, batismos, pagamento de promessas e orações, quanto às religiões de matriz africana, mais especificamente relacionadas às oferendas da umbanda e do candomblé. Também foram identificadas manifestações que reelaboram várias matrizes religiosas, como o Santo Daime e a União do Vegetal (INEA, 2012a). Muitas das práticas ocorrem em áreas de mata, córregos e cachoeiras, sugerindo a importância da natureza como elemento simbólico e místico.

Alguns templos religiosos foram identificados dentro do território do parque, como: i) igrejas católicas, no bairro Taquara; ii) igrejas evangélicas, nos bairros Taquara e Campo Grande; iii) casas de umbanda, nos bairros Taquara e Guaratiba; iv) Templo do Santo Daime, nos bairros Taquara e Vargem Grande; e v) Templo da União do Vegetal, no bairro Vargem Grande.

Essa intensa e diversificada oferta de templos religiosos revela a importância simbólica que as áreas naturais do PEPB representam para esses grupos, os quais atribuem um sentido espiritual à UC, que por sua vez é repleto de subjetividades. Especialmente as religiões brasileiras de matriz africana apresentam rituais que utilizam, como local de culto, a paisagem natural. Visto que as divindades dessas crenças, chamadas de "orixás", presidem forças e locais da natureza, os rituais de oferenda (em agradecimento por algum objetivo atingido, ou pedindo a intercessão mágica de um deles ou, ainda, para reverenciá-los) devem ocorrer, segundo a doutrina dessas religiões, teológica e necessariamente, junto à morada dos deuses: matas, mares, cachoeiras e rios (Sobreira e Machado, 2008).

Entretanto, o uso de determinados elementos e objetos em algumas práticas religiosas, como fogo e materiais não biodegradáveis, acaba gerando impactos quando são depositados nas matas e na beira de rios, sem preocupação com seu destino final, gerando conflitos de usos na UC (INEA, 2012a). Com relação aos templos e centros religiosos localizados no interior do PEPB, cabe destacar que se encontram em um contexto que envolve a regularização da situação fundiária do parque, ou seja, estão além da regulamentação do uso religioso dentro da unidade.

O Decreto Estadual nº 42.483/2010 regulamenta o uso público em parques estaduais do Rio de Janeiro e estabelece uma série de diretrizes, prevendo que: "Manifestações religiosas só poderão ocorrer em locais previamente designados para tal e todo o material empregado deverá ser recolhido imediatamente após o culto pelos praticantes". No PEPB, anteriormente à realização do plano de manejo, já havia um esforço por parte da administração em estabelecer acordos com os praticantes das diversas religiões para o cumprimento do decreto, bem como para evitar impactos ambientais na UC. Entretanto, havia dificuldade no controle dessas práticas, já que muitos usuários alegavam que a coleta das oferendas após o ritual interfere no processo e invalida o ritual.

Assim, muitos seguiam realizando suas atividades de forma clandestina (INEA, 2012a).

O plano de manejo da UC recomendou a realização de estudos para identificar a viabilidade de estabelecer uma zona de uso público ou área estratégica (em consonância com as diretrizes estabelecidas no Decreto nº 42.483/2010) específica para usos religiosos, de forma a assegurar o direito dos múltiplos usos religiosos no PEPB.

Além da riqueza de sua arquitetura histórica, Salvador destaca-se como expressivo centro de atração cultural, principalmente devido aos traços marcantes da cultura negra nas artes, festas, culinária e religião. Segundo Serra et al. (2000) *apud* Rêgo (2006), o candomblé é uma modalidade de culto afro-brasileira, de expressão acentuada na Bahia e grande representação no Recôncavo Baiano e na região metropolitana de Salvador. Mais recente e mais sincrética que o candomblé, a umbanda surgiu no início do século passado (Feraudy, 2006 *apud* Sobreira e Machado, 2008). Segundo Sobreira e Machado (2008), há diferenças doutrinárias e rituais entre o candomblé e a umbanda, mas também há várias semelhanças (muitos dos orixás cultuados são os mesmos).

Rêgo (2006) aponta que as condições atuais da maioria dos terreiros da cidade de Salvador obrigam os integrantes da religião a buscar abrigo para seus rituais, para a coleta de espécies da flora e para realização dos cultos nos parques da cidade ou em áreas verdes remanescentes, tornando esses espaços indispensáveis para a manutenção da prática religiosa. No entanto, segundo a autora, muitas dessas áreas naturais estão se tornando proibidas ao culto, como por exemplo os parques do Abaeté e do Pituaçu. Rêgo (2006) destaca ainda que, por vezes, as pressões da urbanização e os projetos de "revitalização" transformam esses espaços em locais de recreação e de atração turística, descaracterizando alguns de seus usos consolidados, como, por exemplo, os rituais do candomblé.

De acordo com Serra (2006), não há dados históricos que apontem com exatidão quando a área do PSB passou a ter o uso religioso, que veio a defini-la como um sítio sagrado. Mesmo assim, o autor estima que esse uso deva ter se iniciado com a chegada de escravos negros aos engenhos e quilombos estabelecidos na região, e se consolidou até o seu auge, entre as décadas de 1950 e 1960 (Serra, 2006). Ribas (2010) aponta que até a década de 1950 era comum a presença de romarias de pessoas ligadas ao candomblé, para banhos na cachoeira de Oxumaré em rituais de purificação, o que persiste até hoje, mas em menor intensidade, principalmente em razão da falta de segurança e da poluição das águas.

A manutenção do PSB tem sido objeto de reivindicações por vários grupos, para que ele permaneça como abrigo das divindades e seja tratado como um ambiente de ritual por excelência, por abrigar em seu território uma diversidade de ambientes, como áreas de manguezal, cachoeiras e mata (Rêgo, 2006). A autora adiciona, ainda, que antigamente a cachoeira consagrada a Angorô, Bessen ou Oxumaré era o ponto sagrado de destaque, e não a área total do parque. No entanto, com o passar dos anos foram realizadas tantas cerimônias, consumados tantos ritos, oferendas e sacrifícios que hoje se torna difícil separar claramente as áreas sagradas das "profanas" em seu interior (Serpa, 1998).

Atualmente as cachoeiras de Oxum e Nanã são os locais mais importantes para a visitação com fins religiosos que ocorre na área (**Figura 25**). Um projeto de requalificação da Praça de Oxum, em frente à cachoeira que leva o mesmo nome, foi implementado pelo CONDER, com tratamento urbanístico e paisagístico da área. Entretanto, as cachoeiras passam por problemas sérios de poluição por esgoto e resíduos sólidos que são lançados a montante, vindos de bairros limítrofes ao parque (região da bacia do Rio Mané Dendê), e os impactos sobre ambas são facilmente percebidos pela coloração da água e pelo mau cheiro (CONDER, 2013). Além delas, outros sítios importantes para a visitação com fins religiosos no PSB são a cachoeira de Oxumaré (ou São Bartolomeu) e as pedras de Omolu e Angorá.

Apesar da poluição dos corpos de água dentro do PSB, alguns moradores acreditam que as águas da cachoeira de Oxumaré ainda não estão poluídas. Essa cachoeira também é utilizada para a disposição de oferendas, embora em menor quantidade do que se observa em outros sítios, como as cachoeiras de Nanã e Oxum. A questão da segurança e a dificuldade de chegar ao local, por causa da má conservação das trilhas de acesso, antes da revitalização do parque, possivelmente contribuíram para que essa intensa visitação de outrora diminuísse. Ainda nessa localidade está a Aldeia dos Caboclos, onde se avista uma formação rochosa singular.

Figura 25. Cachoeira de Oxum e praticante de religião de matriz africana preparando-se para realização de ritual de oferenda. Fonte: Angela Pellin.

Segundo relatos, os grupos de candomblé que vinham de diversas regiões passavam mais de uma semana no local, realizando os rituais e cultos do candomblé (CONDER, 2013).

Diante desse contexto, um grande desafio para o PSB é compatibilizar o uso religioso, uma das suas principais vocações, com a proteção do parque e os demais usos públicos e minimizar os conflitos existentes. Nas entrevistas e oficinas participativas realizadas para a elaboração do plano de manejo ficou evidente que muitas folhas, raízes, cascas, entre outros produtos vegetais utilizados nos rituais, são coletados no parque, o que configura uso direto dos seus recursos. Em entrevistas informais com pais e mães de santo, bem como com os moradores do entorno, foi registrada a utilização de 25 espécies, sendo 19 nativas e 6 exóticas, entre as quais 16 possuem ocorrência confirmada no PSB (CONDER, 2013).

Plantas utilizadas para finalidade religiosa na região do PSB

No universo das religiões de influência africana as plantas apresentam grande valor e são utilizadas para propósitos ritualísticos e de rotina pelas comunidades dos terreiros. É possível verificar nos atuais rituais afro-brasileiros o uso de muitas plantas nativas brasileiras, além das plantas exóticas cultivadas, pois, entre outras formas de oblação, a dedicação de oferendas produzidas à base de plantas domesticadas é muito comum nos rituais dessas religiões (Trindade et al., 2000). Porém, a evidente descaracterização das comunidades tradicionais, acompanhada da destruição de habitat *e da inserção de novos elementos culturais, vem colocando em risco um grande acervo de conhecimentos empíricos de valor inestimável.*

*Durante a elaboração do plano de manejo do PSB foi realizado um levantamento rápido das principais espécies botânicas utilizadas pela comunidade local em seus rituais, por meio de entrevistas com os moradores, pais e mães de santo. A **Tabela 3** apresenta as 25 espécies registradas, entre as quais seis são exóticas e, possivelmente, introduzidas no PSB para servir a esse propósito. Os conhecimentos místicos, culturais e etnobotânicos dos participantes mais efetivos e tradicionais das religiões de matriz africana são muito valiosos e, nesse sentido, é preciso intensificar estudos de etnobotânica nessa área para que essas informações, que remontam a séculos e fazem parte da história e cultura de nosso povo, não sejam perdidas.*

Tabela 3. *Principais espécies vegetais utilizadas nos rituais afro-brasileiros na região do PSB.*

Nome popular	Espécies	Família botânica	Hábito	Flora
Amescla	Protium heptaphyllum (Aubl.) March.	Burseraceae	Ar	Nt
Andiroba	Carapa guianensis Aubl.	Fabaceae	Ar	Nt
Araçá	Psidium guineense Sw.	Myrtaceae	Ab	Nt
Aroeira-pimenteira	Schinus terebinthifolia Raddi	Anacardiaceae	Ar	Nt
Arruda	Ruta graveolens L.	Rutaceae	Er	Ex
Bete-cheiroso	Piper aduncum L.	Piperaceae	Ab	Nt
Biriba	Eschweilera ovata (Camb.) Miers	Lecythidaceae	Ar	Nt
Carqueja	Baccharis trimera (Less.) DC.	Asteraceae	Er	Nt
Dendezeiro	Elaeis guineensis Jacq.	Arecaceae	Pa	Ex
Embaúba	Cecropia glaziovi Snethl.	Urticaceae	Ar	Nt
Erva-de-santa-luzia	Pistia stratiotes L.	Araceae	Er	Nt
Erva-de-santa-maria	Chenopodium ambrosioides L.	Amaranthaceae	Er	Nt
Espada-de-são-jorge	Sansevieria trifasciata Hort. ex Prain	Ruscaceae	Er	Ex
Falso-jaborandi	Piper arboreum Aubl.	Piperaceae	Ar	Nt
Janaúba	Himatanthus bracteatus (A.DC.)	Apocynaceae	Ar	Nt
Mamona	Ricinus communis L.	Euphorbiaceae	Ab	Ex
Manga	Mangifera indica L.	Anacardiaceae	Ar	Ex
Óleo-de-corumbá	Macrolobium latifolium Vogel (A).	Fabaceae	Ar	Nt
Pau-brasil	Caesalpinia echinata Lam.	Fabaceae	Ar	Nt
Pau-ferro	Caesalpinia ferrea var. leiostachya Benth.	Fabaceae	Ar	Nt
Pau-pombo	Tapirira guianensis Aubl.	Anacardiaceae	Ar	Nt
Pimenta-de-mato	Piper angustifolium R.et P.	Piperaceae	Ab	Nt
Rosa-branca-miúda	Rosa aff. centifolia L.	Rosaceae	Ar	Ex
Sapopemba	Sloanea guianensis (Aubl.) Benth.	Elaeocarpaceae	Ar	Nt
Urucum	Bixa orellana L.	Bixaceae	Ar	Nt

Legenda. Hábito: Ar - Árvore, Ab - Arbusto, Er - Erva, Pa - Palmeira; Flora: Nt - Nativa, Ex - Exótica.

O plano de manejo do PSB propôs a regulamentação das práticas religiosas na área, a fim de evitar o impacto da atividade em razão da extração de plantas nativas, bem como do cultivo e extração das plantas exóticas, que também configura um problema ambiental para o parque. É importante destacar, no entanto, que a eliminação das espécies exóticas e o seu uso devem ser feitos de maneira muito cautelosa, em razão da utilização consolidada do território do PSB para esse propósito, e alternativas ao uso e cultivo dessas espécies devem ser oferecidas.

Outra questão conflituosa é o horário de realização dos rituais, que tanto podem ocorrer de dia quanto de noite. Em razão disso, havia um grande receio por parte da comunidade de que a normatização dos horários de entrada e saída do local pudesse restringir o uso religioso e outros usos comunitários. Dessa forma, foram realizadas oficinas de planejamento específicas para avançar na caracterização dos usos religiosos e propor diretrizes para a sua gestão, por meio de uma construção coletiva e do estabelecimento de normas entre a administração da área e seus usuários.

Com base nas discussões realizadas, com a participação de líderes religiosos, técnicos e membros da comunidade, foi apresentado no plano de manejo um primeiro conjunto de diretrizes. O CONDER, responsável pelo projeto de revitalização e acompanhamento da elaboração do documento, também se reuniu com a Associação Brasileira de Preservação da Cultura Afro-Ameríndia (AFA) e recebeu uma série de contribuições sobre a normatização dos usos religiosos, tendo acolhido algumas delas. Por exemplo, a restrição do horário, que, por reivindicação dos grupos religiosos, deixou de existir. Assim, o parque deve permanecer aberto 24 horas para as práticas religiosas (CONDER, 2013).

Além disso, o plano de manejo recomendou a realização de uma série de oficinas para aprofundamento do diagnóstico e planejamento das práticas religiosas que ocorrem no PSB. Essas oficinas devem ser espaços para a construção coletiva da realidade atual das manifestações religiosas, e, com base nos conhecimentos e nas experiências dos participantes, planejar a maneira como essas práticas devem ocorrer no futuro. Os grupos religiosos também reconhecem a necessidade de se desenvolver projetos de educação ambiental com os terreiros, como forma de sensibilizar os praticantes e dar destino adequado aos resíduos gerados nos rituais, destacando que isso deve ser feito com regras estabelecidas de forma participativa e não impostas por técnicos (CONDER, 2013).

A construção de normas para todos os possíveis usos religiosos e de diretrizes para a sua gestão e monitoramento, de forma participativa, pode chegar a resultados muito positivos, tornando o PSB um modelo a ser seguido por outros parques municipais de Salvador. Essa construção pode ainda subsidiar a definição de uma regulamentação municipal específica sobre o tema, o que seria considerado um grande avanço. Os resultados dessa experiência, até o momento, parecem bastante positivos, visto que acomodaram as expectativas de grupos com interesses diversos, ampliaram a discussão e deram luz aos conflitos. Mesmo assim, percebe-se que é um tema desafiador para a gestão de uma área protegida, que precisa dialogar com diferentes interesses e, gradualmente, encontrar o ponto de equilíbrio entre a conservação de uma área natural e os usos culturais e religiosos.

Apesar de não apresentar uma trajetória tão intimamente relacionada às práticas religiosas como no PSB, o PNMFC também apresenta uma procura significativa por parte de grupos religiosos, pelo fato de abrigar um dos poucos fragmentos florestais da região. Com base nas observações em campo e nos relatos dos funcionários do parque, foi possível constatar que ele apresenta um histórico de uso por praticantes de religiões de matriz africana e judaico-cristã, mais especificamente evangélicos. Os funcionários relataram ainda tratar-se de um uso antigo, mas que foi drasticamente reduzido com a instalação de segurança entre 2008 e 2012. Porém, até o momento não existem estudos sobre suas características, intensidade e impactos.

Durante o diagnóstico do plano de manejo da UC foi possível verificar que as manifestações religiosas evangélicas e de religiões de matriz africana utilizam áreas diferentes dentro do PNMFC. As oferendas tendem a ser praticadas majoritariamente em áreas de mata próximo às suas entradas ou no início de trilhas, sendo raras as manifestações próximo aos cursos de água, como ocorre com frequência no PSB. Também são frequentes as oferendas dispostas em áreas limítrofes ao parque. Já os grupos evangélicos tendem a utilizar clareiras abertas na mata, em suas partes mais altas. Algumas clareiras são acessadas por pequenos atalhos a partir da trilha principal. Essa característica de orar no ponto mais elevado pode ser percebida como uma forma de ficar mais próximo de Deus ou como um sacrifício realizado pela subida ao "monte", demonstrando ser um rito em referência à passagem bíblica do Monte Sinai (Prefeitura de São Paulo, 2014).

Como no PEPB e no PSB, o uso de determinados elementos e materiais não biodegradáveis para a deposição de oferendas acaba gerando impactos locais. No caso do uso de clareiras por grupos numerosos, ele também provoca um impacto direto sobre a vegetação, especialmente no caso da abertura de novas áreas para a realização dos cultos. É importante aprofundar o conhecimento sobre essas práticas e ampliar o diálogo com os grupos religiosos, para compreender a dimensão do uso e da importância simbólica do PNMFC para esses grupos (Prefeitura de São Paulo, 2014).

Inúmeros estudos identificam o surgimento de uma "ética ambiental" nos grupos religiosos afro-brasileiros, reflexo, também, de um processo social em que cada vez mais a sociedade se sente responsável pela preservação ambiental (Sobreira e Machado, 2008). Essa nova ética vem também da necessidade de se adequar às normas estabelecidas em áreas legalmente protegidas, a fim de garantir o direito de uso desses espaços. Assim, é fundamental que haja negociação e construção de acordos entre o gestor das áreas protegidas e os líderes das diversas religiões.

Vários representantes das religiões de matriz africana vêm tomando medidas que podem ser adotadas e incentivadas, como a substituição dos alguidares (recipientes de cerâmica utilizados para acondicionar as oferendas) por folhas de bananeira; a utilização de pequenas quantidades de alimentos nas oferendas; a restrição do emprego de produtos não perecíveis nas oferendas, além de cuidados especiais ao acender velas, para minimizar o perigo de incêndio (Barbosa e Silva, 2009; Nascimento, 2009). Essas medidas oferecem uma oportunidade importante para promover ações de educação ambiental voltadas ao público religioso, fortalecendo o diálogo com esses segmentos.

Para Sobreira e Machado (2008), as soluções negociadas para essas áreas, com base em instrumentos jurídicos, devem ser vistas como essenciais para assegurar o seu caráter público e preferíveis às soluções mais simplórias, como negligenciar o risco ambiental de tais práticas ou proibi-las.

3.2 AMPLIANDO O CONHECIMENTO SOBRE AS ÁREAS PROTEGIDAS URBANAS

Historicamente os gestores de UCs têm se deparado com a falta de informações seguras sobre aspectos ecológicos e socioeconômicos dessas áreas, que, caso estivessem disponíveis, permitiriam maior propriedade ao lidar com temáticas relativas ao manejo da paisagem e à gestão integrada dos recursos (Faria et al., 2007). Isso evidencia a importância de fomentar a realização de pesquisas em UCs, o que permitirá a geração de novos conhecimentos e subsidiará a gestão da unidade, incorporando novas informações ao ciclo da gestão e promovendo o seu manejo adaptativo.

Essa necessidade se torna ainda mais evidente no caso de áreas protegidas urbanas, que recebem as mais intensas e diversas influências externas advindas da matriz ao seu redor. Compreender como o ambiente externo oportuniza ou dificulta o alcance dos objetivos de manejo dessas áreas é uma missão que requer grande quantidade de informações e ações de monitoramento. Apesar dos desafios relacionados à gestão dessas áreas e da necessidade de informações de qualidade e geradas rapidamente, sua localização estratégica em meio a grandes centros urbanos, universidades e centros de pesquisa pode facilitar o estabelecimento de parcerias e constitui-se em uma oportunidade que precisa ser mais explorada.

No Rio de Janeiro, a primeira regulamentação a estabelecer critérios para a realização de pesquisa científica nas UCs estaduais foi a Portaria IEF/RJ/PR nº 154/2004, que em 2007 foi revogada e substituída pela Portaria IEF/RJ/PR nº 227, com o objetivo de agilizar e facilitar alguns procedimentos de autorização de pesquisa.

Segundo técnicos do Serviço de Planejamento e Pesquisa (SEPES), a realização da pesquisa científica nas UCs estaduais é muito bem-vinda e tem sido estimulada, no entanto existem desafios que precisam ser superados. Entre eles está a falta de comunicação por parte de alguns pesquisadores, que iniciam seus projetos sem pedir autorização do INEA ou mesmo sem cumprir os procedimentos estabelecidos pela Portaria. A falta de encaminhamento de relatórios de atividades ou dos resultados das pesquisas após a conclusão dos estudos também é um aspecto negativo, pois restringe as chances de que as informações geradas possam ser incorporadas à gestão da UC (INEA, 2012a).

O PEPB é uma das UCs estaduais do INEA que mais tem sido objeto de estudos nos últimos anos. Entre 2006 e 2011 houve 50 solicitações de autorização de pesquisa científica, sendo que 27 em 2011 haviam sido encerradas e 23 encontravam-se em andamento (INEA, 2012a). As pesquisas são em áreas bem diversas do conhecimento, como, por exemplo: biologia e ecologia (biologia floral, taxonomia vegetal, estudos de biologia e ecologia de répteis, anfíbios e peixes), hidrologia, turismo, conflitos territoriais e conselhos consultivos. Esses projetos foram conduzidos pelas seguintes universidades e instituições de pesquisa: Universidade do Estado do Rio de Janeiro (UERJ), Universidade Federal do Rio de Janeiro (UFRJ), Universidade Federal Rural do Rio de Janeiro (UFRRJ), Universidade Federal Fluminense (UFF), Pontifícia Universidade Católica do Rio de Janeiro (PUC-RJ), Universidade Estadual de Feira de Santana (UEFS), Museu Nacional da Universidade Federal do Rio de Janeiro (MN/RJ) e Fundação Oswaldo Cruz (FIOCRUZ).

Como forma de estimular ainda mais a pesquisa científica na UC, no ano de 2009 foi realizado o "I Encontro Científico do Parque Estadual da Pedra Branca", que reuniu todos os pesquisadores que já haviam realizado ou que pretendiam realizar pesquisas na UC, assim como estudantes, ambientalistas, técnicos de órgãos ambientais e demais interessados. Esse encontro gerou uma publicação que reúne um acervo sobre o conhecimento gerado sobre a UC até aquela data (INEA, 2012a).

O PEPB, que é a maior floresta urbana do Brasil e uma das maiores do mundo, apresenta um grande potencial para pesquisa científica, dado o seu fácil acesso e a proximidade com instituições de pesquisa e ensino da cidade do Rio de Janeiro. Embora muitos projetos venham sendo conduzidos na UC, ela tem potencial para ampliar o acesso a novas pesquisas, contribuindo para a formação de novos cientistas e também para a produção de conhecimento e de informações valiosas para o seu manejo. Nesse sentido, foram feitas algumas recomendações para a estruturação de um programa de pesquisa no plano de manejo do PEPB, que incluem: i) o aperfeiçoamento da infraestrutura de pesquisa (alojamento, laboratórios ou salas de triagem); ii) a melhora da comunicação interna da UC, para que seus funcionários conheçam as atividades desenvolvidas na área; iii) a capacitação de guarda-parques e outros funcionários para acompanhamento de pesquisadores na UC; e iv) a divulgação junto a instituições de pesquisa e ensino da disponibilidade do PEPB para receber pesquisadores e dos temas prioritários para a pesquisa na área.

O número de pesquisas na RBG é bem inferior ao do PEPB. De 2007 até agosto de 2011 houve 15 solicitações de autorização de pesquisa científica na RBG, sendo que em 2011 quatro já estavam encerradas e onze encontravam-se em andamento. Os projetos eram das áreas de taxonomia vegetal, ecologia de anfíbios e peixes, além de uma avaliação da utilização de manguezais como indicadores de variações do nível médio relativo do mar e o potencial dessas florestas para o sequestro de carbono (INEA, 2012b). Dois outros projetos sobre a biologia e a dinâmica populacional de três espécies de caranguejo que ocorrem na área, o caranguejo-uçá (*Ucides cordatus*), o guaiamum (*Cardisoma guanhumi*) e o aratu (*Aratus pisonii*), todos com importância ecológica e econômica para o manguezal, também foram realizados. As seguintes universidades e instituições de pesquisa respondem pelos projetos: UERJ, UFRJ, UFRRJ, UFF, UEFS, MN/RJ e Instituto Marés.

O campo de ação da pesquisa foi bastante debatido nas oficinas de diagnóstico participativo realizadas para o plano de manejo. Os participantes destacaram a importância de monitorar os parâmetros de qualidade ambiental e os níveis de captura dos recursos nos manguezais da RBG e do entorno, inclusive com a definição de áreas de pousio para o uso sustentável dos recursos, visto que as famílias que dependem da pesca e da coleta no manguezal observavam uma sensível redução dos estoques das espécies exploradas. Esse tema está, sem dúvida, entre os prioritários para a pesquisa e o monitoramento na RBG (INEA, 2012b).

A RBG também carecia de pesquisas na área de arqueologia. Apesar da existência de 34 sambaquis na unidade e em seu entorno, as últimas pesquisas sobre os sambaquis de que se tem registro na reserva aconteceram no ano de 1995. Grande parte desses sítios já foi destruída ou encontra-se em situação vulnerável, de modo que é fundamental estimular pesquisas interdisciplinares (arqueologia, zoologia, antropologia), que possam orientar ações de conservação, educação ambiental e patrimonial (INEA, 2012b).

O número de projetos realizados na UC é relativamente baixo, considerando que a RBG protege um dos mais importantes remanescentes de manguezal de todo o estado do Rio de Janeiro. Alguns fatores contribuem para isso, entre eles a ausência de infraestrutura para o adequado recebimento de pesquisadores, como alojamentos, laboratório para triagem, para análises preliminares e acondicionamento de amostras durante a atividade de campo (INEA, 2012b). Nesse sentido, a Câmara Técnica de Compensação Ambiental aprovou, em 2010, um projeto para reforma e ampliação da sede da RBG que prevê a construção de alojamentos e laboratório de triagem para pesquisadores, o que deve melhorar as instalações da unidade para a pesquisa. No entanto, até o fim de 2014 essa obra ainda não tinha tido início.

Outro aspecto importante é diminuir a distância entre a geração do conhecimento e a sua aplicação em ações de manejo. Nem todos os funcionários da RBG, por exemplo, tinham conhecimento das pesquisas realizadas no seu interior, e, em alguns casos, isso resultava em conflito entre a atividade de pesquisa e outras ações de manejo. Esse hiato também subestima o potencial de aplicação dos resultados das pesquisas no manejo e na gestão da UC. O plano de manejo propõe ações para equacionar essas questões, que são similares àquelas propostas para o PEPB.

Em Salvador, a situação do PSB em relação a pesquisa é mais crítica. Não existe, atualmente, um banco de dados sobre as pesquisas realizadas e/ou em andamento no interior ou no entorno do parque nem normas ou esquemas para controle de pesquisas e material coletado na área. Em buscas realizadas em sites especializados de publicações científicas e no banco de teses e dissertações da Universidade Federal da Bahia não foram encontrados trabalhos científicos realizados na área com a temática ambiental, sendo que as poucas publicações encontradas relacionam-se a projetos socioculturais e de educação ambiental (CONDER, 2013).

O PSB apresenta um grande potencial para a realização de pesquisas científicas em várias áreas do conhecimento, pelo fato de ser uma floresta urbana que protege um importante remanescente de Floresta Atlântica no município de Salvador, pelas suas peculiaridades históricas e socioculturais, além da forte influência das religiões afro-brasileiras. Soma-se a isso seu fácil acesso e a sua proximidade com instituições de pesquisa e ensino. Entretanto, é notável a falta de pesquisas acadêmicas, o que se dá, possivelmente, por causa da inexistência de infraestrutura de apoio e da falta de segurança para trabalhar no interior da área (CONDER, 2013).

O incentivo à realização de pesquisas e monitoramento é extremamente importante para subsidiar a gestão dessa área protegida e torna-se ainda mais relevante em um contexto de intensa pressão sobre os recursos naturais e fragilidade social, como é o caso do PSB. O plano de manejo recomendou uma série de estudos de fauna e flora, incluindo estudos etnobotânicos, bem como estudos na área das ciências sociais e de antropologia. O incentivo a projetos de pesquisa voltados às necessidades de conhecimento da área qualificará a sua gestão, gerando novos conhecimentos e retroalimentando o ciclo da gestão. O aumento da segurança na área por meio da contratação de guarda-parques, implantação de sistema de vigilância patrimonial e ações junto à comunidade também deverão contribuir para ampliar a pesquisa.

Em situação um pouco melhor que a do PSB está o PNMFC, que já acolheu alguns projetos de pesquisa, abordando temas como levantamento florístico, de avifauna, educação ambiental, entre outros. A Prefeitura Municipal de São Paulo tem um procedimento para a autorização de pesquisa em UCs municipais que orienta todo o processo de solicitação de licença, o qual deve ser apresentado à Divisão Técnica de Unidade de Conservação e Proteção da Biodiversidade e Herbário.

As informações que constam no banco de dados da prefeitura demonstram que muitas pesquisas exibem uma sobreposição entre o território do parque e da APA Parque e Fazenda do Carmo, sendo que a maior parte delas tem a APA como foco. Mesmo não dispondo de uma estrutura física, a equipe da unidade tem oferecido apoio aos pesquisadores, auxiliando-os na logística e no transporte e destinando um funcionário para acompanhá-los durante os trabalhos de campo (Prefeitura de São Paulo, 2014). Entre as instituições que desenvolveram pesquisas no PNMFC estão a Universidade de São Paulo (USP, Departamento de Geografia da Faculdade de Filosofia, Letras e Ciências Humanas e a Faculdade de Saúde Pública), a Pontifícia Universidade Católica (PUC-SP) e a Universidade Paulista (UNIP).

Uma ação importante para o PNMFC seria a estruturação de um programa de pesquisa que incluísse ações como: i) a estruturação da UC para melhor receber a atividade, com estabelecimento de alojamento e laboratórios de pesquisa ou salas de triagem; ii) a divulgação voltada a instituições de pesquisa e ensino da disponibilidade do PNMFC para receber pesquisadores e de temas prioritários para a pesquisa na área; iii) o estabelecimento de procedimentos de solicitação de autorização, normas de conduta e devolutiva de resultados pelos pesquisadores (já em andamento); iv) o aprimoramento do sistema de monitoramento que vem sendo realizado pelos funcionários, por meio do estabelecimento de padrões de monitoramento e de sistematização dos dados adquiridos; e v) o estabelecimento de convênios com instituições de ensino e pesquisa, e outras medidas para estimular a produção de conhecimento na UC (Prefeitura de São Paulo, 2014).

Um aspecto que chama a atenção para todas as áreas analisadas é a quase inexistência de ações de monitoramento da gestão e da biodiversidade. Alguns resultados que os programas de monitoramento podem fornecer aos administradores de áreas protegidas são: o fornecimento de informações sobre suas condições ambientais e alterações delas, permitindo a percepção de ameaças em seus estágios iniciais, o estabelecimento de dados de base para comparações, a verificação das condições relativas a recursos específicos, obtenção de informação para gestores em face de situações controversas, o fornecimento de subsídios para as ações de manejo da área, o aumento do conhecimento sobre os recursos naturais, o acompanhamento das ameaças externas, a percepção dos impactos produzidos pelos usuários, entre outros (Miller, 1992).

Considerando a necessidade de a gestão de áreas protegidas se basear em princípios de "manejo adaptativo", um bom programa de monitoramento apresenta ainda mais importância. Nesse contexto, assume-se que a gestão de uma área protegida é um processo extremamente dinâmico e que seus gestores precisam estar preparados para responder a essas mudanças, ajustando as ações de manejo conforme o cenário se modifica ou com o surgimento de novas informações. Segundo Araújo (2012), o manejo adaptativo propicia um processo de aprendizado interno, possibilitando que futuras decisões se beneficiem de uma melhor base de conhecimentos da equipe dessas áreas protegidas.

Apesar da relevância da implantação de programas de monitoramento, sabe-se que eles representam altos custos para a gestão das áreas protegidas, e muitas vezes deixam de ser implementados por não serem considerados prioritários pela gestão. Por esse motivo, os planos de manejo das UCs sempre buscaram sugerir componentes e indicadores a serem monitorados com diferentes níveis de complexidade e custos, permitindo a implantação gradativa desses programas. Outro aspecto relevante é o aproveitamento das equipes alocadas nessas áreas, que, desde que bem orientadas, podem contribuir com a coleta de informações durante suas atividades em campo.

3.3 A CONSERVAÇÃO DA BIODIVERSIDADE EM ÁREAS PROTEGIDAS URBANAS

A biodiversidade urbana é a variedade e riqueza de organismos vivos (incluindo variações genéticas) e a diversidade de *habitats* encontrados dentro e às margens de assentamentos humanos. Em nível de paisagem e de *habitat*, ela compreende remanescentes de paisagens naturais, paisagens agrícolas tradicionais e paisagens urbano-industriais (Secretariado da Convenção sobre Diversidade Biológica, 2012). Essa biodiversidade é influenciada pelo estado dos ecossistemas circundantes originais e pelo planejamento, desenho e gestão do ambiente construído, que, por sua vez, são influenciados pelos valores econômicos, sociais e culturais e pela dinâmica das populações humanas (Secretariado da Convenção sobre Diversidade Biológica, 2012).

Tradicionalmente, as áreas naturais urbanas foram tidas como áreas com pouca biodiversidade, dominadas por espécies não nativas. Entretanto, crescem as evidências que demonstram que elas podem conter níveis de biodiversidade relativamente elevados (Alvey, 2006). Assim, com a ampliação da urbanização ao redor do mundo, as florestas urbanas assumem um papel importante como áreas fonte de biodiversidade e torna-se necessário reconhecer e estimular esse potencial (Alvey, 2006).

Cabe destacar que o Brasil, que é um país megadiverso, tem exibido uma taxa de urbanização superior à média mundial, com impacto direto sobre suas áreas naturais. À medida que áreas naturais localizadas fora dos limites urbanos são incorporadas às cidades, o deslocamento da biodiversidade e a gestão dos serviços ecossistêmicos se tornam um desafio ainda maior (Secretariado da Convenção sobre Diversidade Biológica, 2012).

Nas últimas décadas, vários estudos têm revelado ocorrências de novas espécies originárias de fragmentos florestais próximos às áreas urbanas, e muitas dessas espécies já são descobertas sob ameaça de extinção. A pressão do desmatamento é contínua, dada a expansão populacional, e a proximidade dos centros urbanos expõe os fragmentos à retirada predatória de espécies animais e vegetais. Esses fragmentos também estão expostos aos efeitos da poluição do solo e da água por contaminantes locais, ou trazidos pelo vento e pela chuva, a partir dos grandes centros (Davidson et al., 2001; Lopes, 2001). No entanto, acredita-se que grande parte de nossas espécies nem sequer está protegida de forma satisfatória em UCs, de modo que é fundamental identificar quantas e quais dessas espécies não estão contempladas adequadamente pelo nosso atual sistema de áreas protegidas (Paglia et al., 2004). Nesse contexto, a contribuição das áreas urbanas para a proteção de espécies, incluindo espécies ameaçadas e endêmicas, não pode ser desprezada.

As quatro áreas discutidas neste livro estão localizadas sob o domínio da Floresta Atlântica, formação que vem sofrendo grande impacto da ação antrópica no Brasil, estando atualmente reduzida a cerca de 12,5% da sua cobertura original (Fundação SOS Mata Atlântica e Instituto Nacional de Pesquisas Espaciais, 2014). A Floresta Atlântica é classificada como um dos 34 *hotspots* mundiais para conservação da diversidade biológica, que são áreas de extraordinária diversidade e concentração de espécies endêmicas e que vêm sofrendo elevada e rápida perda de *habitat* (Myers et al., 2000; Mitermeier et al., 2005). Todos os *hotspots* de biodiversidade identificados ao redor do planeta contêm áreas protegidas urbanas, muitas delas significativas em seu tamanho e população. Desse modo, as cidades localizadas em *hotspots* têm um papel vital a desempenhar na conservação desses ecossistemas criticamente ameaçados (Secretariado da Convenção sobre Diversidade Biológica, 2012).

O PEPB protege uma área de 12.393,72 hectares do maciço da Pedra Branca, ocupando cerca de 10% do território do município do Rio de Janeiro. Ele é considerado o maior remanescente de floresta da cidade e uma das maiores florestas urbanas protegidas do mundo. De acordo com o Atlas dos Municípios da Mata Atlântica (SOS Mata Atlântica)[27], em 2010 restavam apenas 21.151 hectares de floresta no Rio de Janeiro, e o PEPB era responsável pela proteção de 58% dos remanescentes florestais, com área maior que 3 hectares. Assim, o seu tamanho, a sua localização e o fato de abrigar um importante remanescente de Mata Atlântica em área urbana torna essa UC estratégica para assegurar a proteção dos últimos fragmentos de Mata Atlântica no município (INEA, 2011a). A UC está inteiramente inserida no domínio da Floresta Ombrófila Densa, apresentando aproximadamente 83%

27 Diponível em: <http://mapas.sosma.org.br/>.

do seu território caracterizado por Floresta Ombrófila Densa Submontana (localizada entre as altitudes de 50 e 500 metros do nível do mar) e 17% por Floresta Ombrófila Densa Montana (localizada entre as altitudes de 500 e 1.500 metros do nível do mar) (INEA, 2011a).

O PEPB é considerado uma área de alta importância biológica para mamíferos e aves (MMA, 2002). O maciço da Pedra Branca e o maciço da Tijuca são considerados também como Áreas Importantes para a Conservação de Aves (IBA, do inglês *Important Bird Areas*). As IBAs representam áreas de ocorrência de espécies ameaçadas de aves, identificadas de maneira a assegurar sua sobrevivência ao longo de seus locais de distribuição, contribuindo, por conseguinte, para a manutenção de outras espécies de plantas e vertebrados (Bencke et al., 2006). A área do PEPB enquadra-se nas categorias A1 (ocorrência de espécies globalmente ameaçadas de extinção), A2 (espécies de distribuição restrita) e A3 (espécies restritas ao bioma) de IBAs (Bencke et al., 2006).

O levantamento das espécies botânicas do PEPB deu conta da ocorrência de pelo menos 934 espécies de plantas, das quais 22 encontram-se sob algum grau de ameaça, 267 são endêmicas da Mata Atlântica e cinco são endêmicas do Rio de Janeiro. Nesta última categoria estão incluídas as espécies jarrinha-arraia (*Aristolochia raja*), gravatá (*Alcantarea glaziouana*), *Callisthene dryadum*, noz-moscada-silvestre (*Cryptocarya jacarepaguensis*) e bromélia (*Neoregelia camorimiana*). Esta última é considerada endêmica do parque, sendo encontrada especialmente nas matas em estágio avançado de regeneração ou primárias, localizadas na região do Camorim (Pereira e Penna, 1985).

Mais de 37% da área do PEPB é formada por florestas em estágio avançado de regeneração, e elas estão localizadas, em grande parte, na vertente leste da unidade (INEA, 2011a). Estudos prévios indicam que está associada a essa classe sucessional uma elevada diversidade de espécies arbóreas e, entre estas, algumas consideradas raras, como, por exemplo, copaíba (*Copaifera lucens*), jacarandá-da-bahia (*Dalbergia nigra*), figueira-vermelha (*Ficus clusiifolia*), além de espécies ameaçadas de extinção, como o pau-brasil (*Caesalpinia echinata*). As áreas de floresta em estágio avançado, juntamente com as florestas em estágio médio de sucessão, têm um papel importante por apresentarem condições microclimáticas favoráveis para a manutenção de populações viáveis da maioria das espécies vegetais presentes. Nas áreas associadas a ambientes mais úmidos do PEPB, a flora de epífitas é bastante rica, com elevada diversidade e abundância (INEA, 2011a).

Em relação à fauna, foram registradas 338 espécies de aves, pertencentes a 61 famílias e 21 ordens. Dessas, 20 apresentam algum grau de ameaça estadual, nacional ou global, como o uru (*Odontophorus capueira*), que é ameaçado no estado do Rio de Janeiro, e três espécies de psitacídeos, a tiriba-de-orelha--branca (*Pyrrhura leucotis*), o apuim-de-costas-pretas (*Touit melanonotus*) e o chauá (*Amazona rhodocorytha*), inseridos nas listas estadual, nacional e da IUCN. Estudos são realizados com esse grupo há vários anos no parque, de modo que é provável que as espécies registradas representem bem a diversidade local. Esses estudos também permitiram constatar que algumas espécies desapareceram da região e outras tiveram uma diminuição populacional. É o caso, por exemplo, do uru (*Odontophorus capueira*), que hoje apresenta apenas uma população residual na floresta do núcleo Pau da Fome. Essa redução se deu, principalmente, devido à ação de caçadores na região (INEA, 2011a).

Quanto aos peixes, os levantamentos registram 43 espécies, das quais cinco são consideradas ameaçadas. Segundo o estudo de Gomes (2006), a vertente sul do maciço da Pedra Branca seria a mais rica em número de rios e, consequentemente, em espécies de peixes, enquanto a vertente norte seria a mais pobre. O autor cita ainda uma heterogeneidade na distribuição espacial da ictiofauna que ressalta a importância do conjunto hidrográfico da região do PEPB e entorno, uma vez que a diversidade de gradientes entre as cabeceiras e a foz dos corpos de água favorece o surgimento de variados nichos, os quais tornam-se vitais para o abrigo, colonização, ciclos de vida e estabelecimento das espécies de peixes nesses ambientes (Gomes, 2006).

Foram registradas, através de dados secundários e de campo, 51 espécies de mamíferos no parque, pertencentes a 14 famílias e 6 ordens. Dessas, 8 apresentam algum grau de ameaça estadual, nacional ou global. Essa riqueza é semelhante à encontrada por Freitas et al. (2006) no PNT. Não existem trabalhos de pesquisa no PEPB com ênfase em médios e grandes mamíferos, mas, ao que tudo indica, é bastante improvável que existam espécies de maior porte. Por outro lado, é possível que o número de mamíferos do PEPB seja ainda maior, uma vez que os estudos realizados contemplaram apenas quiropterofauna e pequenos roedores e marsupiais. Em relação aos anfíbios e répteis, foram registradas 20 e 27 espécies, respectivamente, mas provavelmente esses números estão subestimados (INEA, 2011a).

A RBG está muito próxima ao PEPB e protege uma área de manguezal que soma 3.360,18 hectares (**Figura 26**).

A composição e a distribuição da fauna nos manguezais estão relacionadas a vários fatores ambientais, como a salinidade, a existência de *habitats* adequados à colonização pelas espécies, a granulometria dos sedimentos, a temperatura da água e do ar e a precipitação pluviométrica (Aveline, 1980 *apud* Rio de Janeiro, 2000). Assim, devido à sua dinâmica peculiar, esse ecossistema apresenta uma grande variedade de nichos ecológicos, representada primordialmente por moluscos, crustáceos, peixes e aves (Rio de Janeiro, 2000).

Os manguezais da RBG são compostos por mangue-vermelho (*Rizophora mangle*), mangue-branco (*Laguncularia racemosa*) e mangue-preto (*Avicennia*

Figura 26. Áreas de manguezal no interior da RBG e PEPB ao fundo.
Fonte: Angela Pellin.

schaueriana) e apresentam diferentes níveis de desenvolvimento estrutural e de composição de espécies, o que determina uma alta riqueza de fisionomias vegetais (Chaves et al., 2010). Levantamentos realizados para o plano de manejo registraram outras 48 espécies botânicas, sendo *Bromeliaceae e Euphorbiaceae* as famílias mais representativas. Merece destaque ainda a presença de oito espécies endêmicas da Mata Atlântica, entre elas as bromélias *Quesnelia quesneliana* e *Vriesea neoglutinosa*, reforçando a importância do parque para contribuir com a manutenção e a proteção dessas espécies mais vulneráveis (INEA, 2011b).

Quanto à fauna, foram registradas 32 espécies de invertebrados, entre as quais destacam-se o guaiamum (*Cardisoma guajamunii*) e o caranguejo-uçá (*Ucides cordatus*), espécies fundamentais para a manutenção dos manguezais e que também se destacam pela sua importância econômica, sendo consideradas ameaçadas de sobre-explotação. No entanto, esse número deve ser muito maior. A fauna de vertebrados da UC é composta por 303 espécies, sendo 10 espécies de mamíferos, incluindo a lontra (*Lutra longicaudis*), considerada ameaçada de extinção no município do Rio de Janeiro. Quanto aos répteis, até o momento há o registro de apenas quatro espécies, entre elas o jacaré-de--papo-amarelo (*Caiman latirostris*), que consta da lista nacional das espécies ameaçadas de extinção na categoria "em perigo". Com referência às aves foram registradas 168 espécies, um número considerado alto se comparado a outros manguezais do Brasil (Almeida e Barbieri, 2008). Dessas, 16 são aves migratórias e uma delas, o tiê-sangue (*Ramphocelus bresilius*), é endêmica da Mata Atlântica (INEA, 2011b).

Quanto à ictiofauna, a maior parte das espécies registradas está associada aos ambientes marinhos da Baía de Sepetiba, embora algumas espécies consideradas dulcícolas primárias e secundárias também ocorram na unidade. Entre elas, *Notholebias minimus*, que é endêmica das baixadas de Jacarepaguá e Sepetiba, consta das listas nacional e municipal de espécies ameaçadas de extinção e foi registrada na região da Barra de Guaratiba (Gomes, 2006). Além dela, *Kryptolebias brasiliensis* também é considerada ameaçada de extinção no município do Rio de Janeiro (Gomes, 2006), o que reforça a importância das áreas de drenagem e dos ambientes palustres associados aos manguezais da RBG (Chaves et al., 2010; Gomes, 2006). Outras cinco espécies de peixes que ocorrem na região constam da lista nacional de espécies de peixes sobre-explotadas ou ameaçadas de sobre-explotação (IN 5 - Ibama, 2004), sendo elas a sardinha (*Sardinella brasiliensis*), a pescada-olhuda (*Cynoscion guatucupa*), a pescadinha--real (*Macrodon ancylodon*), a corvina (*Micropogonias furnieri*) e a tainha (*Mugil liza*) (INEA, 2011b).

O processo histórico de ocupação e a pressão da expansão urbana sem o adequado planejamento no entorno do PSB impactaram mais fortemente essa área, o que se refletiu na biodiversidade atual, que mesmo assim guarda uma importância estratégica local. Contando com aproximadamente 75 hectares, sua fitofisionomia predominante é de Floresta Ombrófila Densa, com pequenas áreas de manguezal, e sua vegetação é inteiramente secundária, em diversos estágios sucessionais, o que reflete na baixa densidade de indivíduos por área, na pequena diversidade florística por hectare e baixa potencialidade produtiva da floresta (CONDER, 2013).

A despeito da sua vulnerabilidade ambiental, o PSB abriga pelo menos 205 espécies botânicas, sendo que 4 delas encontram-se na lista vermelha internacional das espécies ameaçadas de extinção: o pau-brasil (*Caesalpinia echinata*), o cedro (*Cedrela fissilis*), o jacarandá-da-bahia (*Dalbergia nigra*) e o mogno (*Swietenia macrophylla*). Entre as espécies levantadas, duas delas são consideradas endêmicas para a Bahia, *Attalea funifera* e *Annona soteropolitana*.

Em relação aos mamíferos, apenas 3 espécies foram avistadas durante o diagnóstico do plano de manejo: o cachorro do mato (*Cerdocyon thous*), o preá (*Cavia aperea*) e o sagui-de-tufos-brancos (*Callithrix jacchus*), sendo esta última uma espécie exótica, como já comentado anteriormente. Quanto à herpetofauna, foram encontradas apenas 6 espécies de anfíbios e 8 de répteis. No entanto, houve relatos de moradores de áreas adjacentes sobre a presença de jacaré-de-papo-amarelo (*Caiman latirostris*), iguana (*Iguana iguana*) e sucuri (*Eunectes murinus*). Esse número deve crescer com a realização de mais pesquisas na área. Quanto ao status de conservação das espécies registradas, a rãzinha-do-chão-da-mata (*Allobates olfersioides*) é considerada vulnerável pela IUCN e foi encontrada em campo somente próximo a uma nascente, aparentemente sem muita interferência humana.

Já em relação à avifauna, houve registros de 108 espécies, mas estudos adicionais possivelmente ampliarão esse número. Apenas uma espécie ameaçada foi identificada, o pintassilgo-do-nordeste (*Sporagra yarrellii*), classificada como vulnerável segundo a IUCN (IUCN, 2001). Também foi possível observar algumas espécies mais exigentes quanto ao *habitat*, como a rendeira (*Manacus manacus*) e o cabeça-encarnada (*Pipra rubrocapilla*), dois paprídeos que, mesmo ocorrendo no PSB, devem apresentar populações em declínio, devido ao histórico de perturbações no local. Foram observadas ainda cinco espécies endêmicas da Mata Atlântica: tico-tico-do-mato (*Arremon semitorquatus*), trovoada (*Drymophila ferruginea*), pintadinho (*Drymophila squamata*), beija-flor-de-barriga-branca (*Amazilia leucogaster*) e o garrinchão-de-bico-grande (*Cantorchilus longirostris*). É importante destacar que várias espécies de aves migratórias, como maçaricos, batuíras e o bacurau (*Chordeiles minor*), utilizam as áreas próximas ao reservatório da Embasa e áreas alagadas do PSB, reafirmando a importância regional da conservação desse fragmento (CONDER, 2013).

Em 2001, a cobertura vegetal do município de São Paulo correspondia a cerca de 39% do território, sendo 20,06% de vegetação nativa, 3,83% de reflorestamento e 14,59% de pastagem/campo antrópico e natural (SVMA e IPT, 2004). Esses remanescentes, predominantemente de floresta secundária, estão dispersos na matriz urbana e, em sua maioria, estão comprometidos pelos efeitos da fragmentação e efeitos de borda (Malagoli et al., 2008). Nesse contexto se insere o PNMFC, que protege uma área de 462 hectares no domínio transicional entre Floresta Ombrófila Densa e Floresta Estacional Semidecidual, cujas espécies, em sua maioria, compõem um gradiente sucessional de estádio médio.

No parque foram registradas 283 espécies de plantas, sendo que 5 espécies arbóreas estão ameaçadas: o cedro-rosa (*Cedrela fissilis*), na categoria "em perigo", o jacarandá-paulista (*Machaerium villosum*), na categoria "vulnerável globalmente" (IUCN, 2012), o cambuci (*Campomanesia phaea*), na categoria "vulnerável globalmente" (IUCN, 2012) e quase ameaçada na lista estadual (SMA, 2007), a copaíba (*Copaifera langsdorffii*) e a embaúba-prateada (*Cecropia hololeuca*), que figuram como "quase ameaçada" na lista estadual (SMA, 2007). Cabe destacar que o cambuci é considerado uma espécie rara e é endêmico da Mata Atlântica (Prefeitura de São Paulo, 2014).

Um inventário da fauna realizado pela SVMA na região onde se localiza o PNMFC registrou 137 espécies, sendo 11 de répteis, 119 de aves e 7 de mamíferos (**Figura 27**). Durante o diagnóstico do plano de manejo foram registradas 140 espécies de aves, sendo 13 endêmicas do bioma Mata Atlântica (Prefeitura de São Paulo, 2014). Oito espécies de aves estão presentes na lista de espécies ameaçadas para o estado de São Paulo (SMA, 2007), sendo duas consideradas criticamente ameaçadas, a maracanã-pequena (*Diopsittaca nobilis*) e o curiango-do-banhado (*Hydropsalis anomala*), três consideradas vulneráveis, o gavião-pega-macaco (*Spizaetus tyrannus*), a pipira-preta (*Tachyphonus rufus*) e o azulão (*Cyanoloxia brissonii*) e duas espécies consideradas quase ameaçadas, o papagaio-verdadeiro (*Amazona aestiva*) e a graúna (*Gnorimopsar chopi*). O curiango-do-banhado, além de ameaçado em âmbito estadual, é considerado quase ameaçado globalmente (IUCN, 2012).

De um modo geral, foi constatada a dominância de espécies com baixa sensibilidade e resistentes a perturbações antrópicas, mas também

Figura 27. Preguiça-de-três-dedos (*Bradypus variegatus*), espécie comum no PNMFC. Fonte: Arquivo SVMA.

foi observada a presença de espécies endêmicas e ameaçadas, bem como espécies estritamente florestais e mais exigentes quanto à qualidade do *habitat*, o que evidencia que a área ainda mantém parte da avifauna original, sendo um importante refúgio para as aves da região. Vale destacar que esse levantamento registrou 10 espécies que ainda não haviam sido observadas na área do parque, ou seja, mesmo em uma área urbana, novos estudos podem revelar novos registros sobre a biodiversidade protegida nessa unidade. O mesmo é verdadeiro para as demais áreas abordadas.

Esses dados demonstram que as áreas protegidas urbanas abrigam uma biodiversidade expressiva, servindo como refúgio para centenas de espécies, muitas delas endêmicas, raras e ameaçadas. Visto que vivemos em um mundo cada vez mais urbanizado, não podemos deixar de considerar a inserção dessas áreas em processos de planejamento das cidades que garantam sua manutenção em longo prazo e de estabelecer estratégias de manejo que auxiliem na viabilidade das populações das espécies que ali residem.

3.4 SERVIÇOS AMBIENTAIS, VALORES CULTURAIS E BEM-ESTAR SOCIAL

Nas últimas décadas temos presenciado, cada vez mais, uma enorme desconexão das pessoas com a natureza. À medida que o Brasil e os demais países do mundo avançam na urbanização de seu território, uma grande parcela da população migra da zona rural para as cidades, tornando cada vez mais frágeis os laços que unem as pessoas aos ambientes naturais. Metade da população mundial encontra-se atualmente vivendo em centros urbanos, e a perspectiva é de que até o ano 2030 essa população duplique (UNFPA, 2007), sendo que a relação entre a biodiversidade e o ser humano passa hoje principalmente pelo que acontece nas cidades (Cabral et al., 2012).

A Mata Atlântica, que é um dos biomas mais ricos em biodiversidade do Brasil e do mundo, abriga a maior parte das grandes cidades brasileiras, o que resultou na conversão de áreas extensas de seu território em áreas urbanas. Ainda assim, tem um papel central na produção de serviços ambientais que contribuem com a qualidade de vida de uma grande parcela da população brasileira.

Além dos aspectos tradicionalmente creditados às áreas protegidas, como a sua importância na manutenção de ecossistemas, na conservação da biodiversidade e na oferta de oportunidades de turismo e lazer, diversos estudos mostram também que a proximidade com uma área protegida pode trazer inúmeros benefícios para a vida na cidade, como a redução da criminalidade, do estresse, o aumento da sensação de bem-estar, o aumento da produtividade, além de promover a coesão e a identidade de uma comunidade (Trzyna, 2005). No entanto, segundo Kaplan e Kaplan (1989) *apud* Trzyna (2005), as áreas protegidas urbanas têm sido vistas como uma amenidade por muitos gestores públicos, em vez de serem reconhecidas como componente imprescindível da infraestrutura urbana.

As quatro áreas abordadas neste livro protegem uma parcela significativa do que sobrou de cobertura florestal nas cidades onde estão localizadas. E, a despeito de toda pressão à qual essas áreas estão sujeitas por estarem inseridas no contexto urbano, elas têm um papel central na oferta de determinados serviços ambientais e de qualidade de vida para as comunidades que as circundam.

O bloco de remanescentes de vegetação do município do Rio de Janeiro tem um papel importante na conservação da diversidade biológica, na manutenção dos serviços ambientais e na composição cênica de uma das maiores metrópoles do país (Rocha et al., 2003). O PEPB está inserido nesse bloco e protege hoje a maior parte da sua vegetação remanescente, totalizando 12.393,72 hectares, que corresponde à maior área de floresta protegida no município e a uma das maiores florestas urbanas protegidas no mundo.

Ao parque pode ser atribuído um importante papel no equilíbrio climático e ambiental da cidade, uma vez que as encostas do maciço da Pedra Branca abrigam inúmeras nascentes e funcionam também como um elemento regulador dos processos hidrológicos, ecológicos, climáticos e geomorfológicos. Costa (2002) afirma que as primeiras tentativas de proteção dos recursos naturais do maciço tiveram início com o aumento da demanda de abastecimento de água da cidade, no século XIX. A ação mais efetiva ocorreu em 1940, com a criação das "Florestas Protetoras da União[28]", cujo propósito era proteger os mananciais das florestas do Camorim, Rio Grande, Caboclos, Batalha, Guaratiba, Quininha, Engenho Novo de Guaratiba, Colônia, Piraquara e Curicica.

Segundo Costa (2002), pode-se afirmar que as águas do PEPB representam múltiplos valores: i) social, visto que elas são responsáveis pelo abastecimento; ii) lazer e religioso, pois as cachoeiras e represas apresentam-se como importantes atrativos turísticos e são também procuradas para o restabelecimento espiritual; e iii) histórico, já que as represas existentes na área são reconhecidas como marcos históricos da engenharia hidráulica fluminense. Além disso, não se podem desconsiderar os valores intrínsecos relacionados à conservação da biodiversidade e aos processos ecológicos.

A importância do parque para a produção de água e conservação dos recursos hídricos é evidenciada pelos inúmeros pontos de captação mantidos no interior da UC. As duas maiores represas de captação de água, a do Rio Grande e do Batalha, são responsáveis pelo abastecimento de parte do bairro de Jacarepaguá, na zona oeste do Rio de Janeiro. Na UC também existem inúmeros pontos clandestinos de captação de água para abastecimento dos moradores que vivem em seu interior ou no entorno imediato. Isso reforça a sua importância como produtora de água, apesar de ser evidente a necessidade de regulamentação e monitoramento desse uso.

Outra questão que chama a atenção no PEPB é o seu papel na proteção de áreas de risco à ocupação humana, cuja principal vocação é a manutenção da floresta e seus serviços associados. No parque existem pelo menos dois registros de escorregamentos e alagamentos associados a grandes chuvas, um no ano de 1996 e outro em 2010. Segundo Costa (2002), as chuvas do verão de 1996 desencadearam um número elevado de ocorrências de deslizamentos e desmoronamentos (aproximadamente 500 cicatrizes ao todo), de diferentes magnitudes e naturezas. Um dos eventos de fortes chuvas nesse ano teria resultado em uma verdadeira tragédia na região do Pau da Fome, onde existem moradores no interior

28 As Florestas Protetoras foram instituídas pelo Código Florestal de 1934, e compuseram as bases para a formalização da proteção de áreas no Brasil.

da UC. Nessa área a calha do rio teria alargado e destruído moradias, deixando pessoas desabrigadas (Ferreira e Cunha, 1996). Como resultado desse evento há relato de 11 mortes (Amigos do Parque Estadual da Pedra Branca, 2011). Outro evento de grandes proporções ocorreu no ano de 2010, quando fortes chuvas desencadearam novamente a cheia do Rio Grande, comprometendo a estrutura da única ponte de acesso à comunidade Monte da Paz e resultando em pontos de deslizamento com residências afetadas. Esse mesmo evento ocasionou movimentos de massa e danificou acessos ao parque, além de resultar em um deslizamento com vítimas fatais. Esses episódios chamam a atenção para a importância da manutenção da floresta em áreas de encostas e margens de rios, que são consideradas áreas de risco à ocupação humana, e para a necessidade de políticas públicas integradas para resolução dessa situação, que traz enormes problemas ambientais e sociais.

Cabe destacar, ainda, a importância do PEPB no contexto sociocultural da cidade do Rio de Janeiro, pois ele protege inúmeros sítios tombados pelo Instituto Estadual do Patrimônio Cultural (INEPAC), pelo Instituto do Patrimônio Histórico e Artístico Nacional (IPHAN) e pelo município. Entre esses sítios estão igrejas, sedes de antigas fazendas e áreas naturais tombadas como monumento natural. Além desses sítios, existem também numerosas ruínas de carvoarias, residências e resquícios de atividades econômicas que se constituem como importantes registros históricos das relações econômicas estabelecidas entre a floresta e a cidade, e do próprio modo de vida dos moradores, que remonta ao denominado "Sertão Carioca". Essa característica resulta em uma paisagem cultural singular e de grande relevância histórica (INEA, 2012a).

A localização do PEPB, imerso em uma grande área urbana, e a existência de inúmeros atrativos naturais, como belas paisagens, rios e cachoeiras e áreas de floresta, confirmam sua vocação para o desenvolvimento da atividade turística. Com grande parte da UC fazendo limites com bairros ocupados por moradores de baixa renda, a área serve ainda como uma opção de lazer e recreação a comunidades carentes, que podem usufruir do local de forma totalmente gratuita.

Vizinha ao PEPB está a RBG, que protege um dos últimos remanescentes de manguezais pouco alterados do município e de todo o estado do Rio de

Janeiro (INEA, 2012b). Os manguezais podem ser considerados ecossistemas de grande valor ambiental, econômico e social, uma vez que prestam inúmeros serviços ambientais que beneficiam toda a sociedade, entre os quais podemos elencar: i) a manutenção da diversidade biológica, já que servem como abrigo, fonte de alimento e área de reprodução para diferentes grupos de organismos; ii) oferecem pontos de repouso e alimentação para diversas espécies de aves migratórias; iii) contribuem para controlar a vazão e prevenir inundações; iv) servem como fonte de matéria orgânica para águas costeiras adjacentes, constituindo a base da cadeia trófica de espécies de importância econômica e/ou ecológica; v) representam uma fonte de subsistência e alimento para inúmeras comunidades litorâneas; e vi) têm beleza cênica e valor estético e recreacional (Soares et al., 2011). Cabe ressaltar ainda o papel que o manguezal tem como estabilizador das terras costeiras e controlador dos processos erosivos, além de servir como filtro de resíduos poluentes, reduzindo a contaminação dos ambientes costeiros (Schaeffer-Novelli, 1991; Khatiresan e Bingham, 2001).

O manguezal também representa um ecossistema de grande importância para o equilíbrio ambiental, sendo apontado como indicador biológico para as modificações de linha de costa, em função da rápida resposta das suas espécies a qualquer alteração no ambiente (Almeida et al., 2008). Desse modo, o crescimento desordenado das áreas urbanas e das atividades nelas realizadas resulta em alterações ambientais e climáticas que acabam afetando rápida e significativamente o desenvolvimento desse ambiente.

A RBG está inserida na porção leste da Baía de Sepetiba, considerada um dos mais importantes ecossistemas aquáticos do estado do Rio de Janeiro, por constituir área de criação de peixes e crustáceos de importância econômica (Costa, 1992). Seus manguezais constituem a principal área da baía em termos de produtividade biológica, uma vez que esses ambientes têm um papel fundamental no ciclo de vida de espécies que vivem em sistemas costeiros semifechados, pois servem como áreas de desova, berçário, proteção contra predadores e áreas de alimentação, e a sua manutenção tem contribuído para assegurar a diversidade e a produtividade da Baía de Sepetiba (Neves et al., 2006). É importante ressaltar que centenas de pescadores dependem economicamente da pesca realizada em toda a Baía de Sepetiba, inclusive no interior e no entorno da UC, o que já foi abordado anteriormente nesta publicação.

A UC também se destaca pela sua importância no contexto histórico, cultural e arqueológico, já que protege 18 dos 34 sambaquis identificados na planície costeira de Guaratiba. Esses sítios arqueológicos são vestígios de grupos humanos pré-históricos de tradição tupi-guarani que habitavam a região costeira do município, e grande parte deles já foi alterada ou mesmo destruída. Cada sambaqui representa um testemunho insubstituível do passado pré-histórico da cidade do Rio de Janeiro, reafirmando a sua importância para o desenvolvimento de modelos de ocupação da região costeira e para a interpretação do seu significado enquanto estrutura arqueológica (INEA, 2012b).

O PSB também se destaca pelos inúmeros valores e benefícios à sociedade. Além da sua importância ambiental para a região do Subúrbio Ferroviário e para a cidade de Salvador, como a proteção de uma significativa amostra de Mata Atlântica remanescente, que abriga espécies consideradas endêmicas e/ou ameaçadas de extinção, ele desempenha um papel fundamental na funcionalidade do ambiente urbano do entorno e como área de contemplação e lazer para as populações que ali residem. Somada a isso, há que se destacar a sua dimensão histórico-cultural, visto que esse território é dotado de memórias e significados simbólicos, que qualificam o parque como uma área de extrema relevância para o desenvolvimento de ações de sensibilização e educação ambiental e patrimonial.

A paisagem atual do PSB é composta por um gradiente de áreas naturais e resultantes da ação antrópica. Paisagens formadas por agroecossistemas e compostas por encostas cobertas por capoeiras, pomares e hortas, represamentos e áreas úmidas, tão comuns em todos os vales da cidade até os anos 1980, atualmente são raras em Salvador, mas ainda subsistem no PSB como registro histórico (CONDER, 2013).

Entre os serviços ambientais produzidos pelo PSB, pode-se destacar a proteção das encostas, a conservação dos recursos hídricos e do solo e a regulação microclimática, que contribuem diretamente para melhorar a qualidade de vida das populações que vivem em seu entorno, bem como em toda a região do Subúrbio Ferroviário.

O papel do PSB como protetor de áreas de risco para ocupações humanas também é evidente. Na região existem registros de alagamentos em áreas ocupadas por residências, tanto no interior quanto no entorno do parque. Vale destacar que a ocupação de áreas ao longo de cursos de água e sobre áreas de mangue ao longo dos anos agravou esses transtornos. Áreas como as ocupadas pela comunidade São Bartolomeu são consideradas instáveis, alagáveis e inseguras para habitações entre o nível 0,00 m e 2,50 m; obras estão sendo realizadas para retirar os moradores de áreas de risco como essas e permitir a recuperação do ambiente natural (CONDER, 2013). Um levantamento realizado por Santos e Bonfim (2012) constatou que alguns dos bairros que fazem parte do PSB ou de seu entorno imediato apresentam grande suscetibilidade a desastres, como desabamentos e deslizamentos de terra. Esses resultados sugerem que as características biofísicas da região, associadas à grande densidade populacional e a um padrão de ocupação do solo espontâneo, que avançou sobre áreas de preservação ambiental - como as margens dos cursos de água, encostas íngremes e áreas de manguezal –, elevam os níveis de risco para os moradores dessas áreas, bem como resultam em severos impactos negativos ao ambiente natural da área. Isso reforça a necessidade de retirada das pessoas de áreas de risco do interior do PSB e a manutenção de florestas sobre as encostas e margens de rios.

O PNMFC também protege um importante remanescente de vegetação da cidade de São Paulo, abrigando uma série de valores e fornecendo inúmeros serviços e benefícios para a sociedade. O parque está inserido na bacia hidrográfica do Rio Aricanduva, que por sua vez é um importante afluente da margem esquerda do Rio Tietê. Dada sua relativa preservação, o PNMFC e seu entorno podem ser considerados como uma área de grande relevância para os recursos hídricos da zona leste de São Paulo, pois em sua área são encontradas dezenas de nascentes e pequenos riachos muito importantes para a fauna e a flora, bem como para o reabastecimento do lençol freático local (Prefeitura de São Paulo, 2014).

A manutenção de áreas permeáveis à chuva é outro serviço prestado por essa e pelas outras áreas urbanas aqui abordadas, que permite a infiltração das águas e, consequentemente, diminui os eventos de alagamentos no entorno. Devido à inexistência de ocupações humanas em áreas de encostas no interior do parque, não há registros de ocorrências de deslizamentos envolvendo pessoas, no entanto, em seu entorno imediato existe uma área classificada como de risco (Gleba do Pêssego), devido a suas características e a ocorrências de escorregamento de terra (Prefeitura de São Paulo, 2014).

Outra característica relevante dessas áreas e que pode ser constatada no PNMFC é sua contribuição para a regulação do microclima urbano, mitigação dos efeitos causados por ilhas de calor e promoção de conforto térmico, auxiliando, assim, na adaptação das cidades às alterações climáticas. No mapa de "temperatura da superfície" do município de São Paulo (Tarifa e Armani, 2001), a boa influência na temperatura causada por áreas verdes como o Parque do Carmo e Represa Billings pode facilmente ser observada, pois nessas áreas ocorrem temperaturas mais amenas, ao contrário do que acontece em áreas densamente urbanizadas e sem presença de remanescentes preservados.

O PNMFC também tem uma inegável importância como área de recreação e lazer para os moradores da zona leste, que é uma das regiões mais deficitárias em termos de equipamentos públicos de cultura e lazer da cidade de São Paulo, com apenas 6,76% do total dos equipamentos mapeados na cidade (Nakagawa, 2011).

Durante o processo de elaboração do plano de manejo dessa UC foi construído um modelo conceitual em que foram definidos os alvos de conservação prioritários, que seriam os elementos da biodiversidade (ecossistemas, *habitats*, espécies e processos ecológicos), eleitos como foco dos esforços de conservação, e que juntos garantiriam a proteção da grande maioria dos elementos considerados prioritários pela gestão. No caso do PNMFC, os alvos de conservação eleitos foram: i) remanescente de Floresta Atlântica; ii) corpos de água naturais; iii) espécies bandeira (bicho-preguiça-de-três-dedos e cambuci); iv) animais cinegéticos; e v) espécies ameaçadas ou quase ameaçadas (papagaio-verdadeiro, jacuaçu, cedro-rosa, jacarandá-paulista, cambuci, copaíba e embaúba-prateada) (Prefeitura de São Paulo, 2014).

Posteriormente, com base nos alvos de conservação preestabelecidos, foram definidos os serviços ecossistêmicos resultantes da proteção e manutenção desses alvos. A referência para a definição dos serviços ecossistêmicos do PNMFC foi a Avaliação Ecossistêmica do Milênio (2003), que determina que os serviços podem ser de provisão, regulação, suporte e culturais. Entre os serviços ecossistêmicos identificados para essa UC estão: a retenção de poluentes, a regulação do microclima, a proteção e produção de água, a proteção de áreas de risco de movimentação de massa, além de outros, como mostra a **Figura 28.**

Segundo a Avaliação Ecossistêmica do Milênio (2003), bem-estar humano é definido por cinco dimensões: recursos básicos para uma vida digna, saúde, boas relações sociais, segurança e liberdade de escolha. A partir dos alvos de conservação e serviços ecossistêmicos associados, foi possível identificar alvos de bem-estar social para o PNMFC, os quais também devem ser foco da sua gestão. Esses alvos estão representados na **Figura 28**, e entre eles podemos citar a contribuição para a saúde física, mental e espiritual, a possibilidade de interação social e de aquisição de novos conhecimentos, entre outros.

O modelo conceitual elaborado também explicita as principais ameaças diretas que incidem sobre os alvos de conservação do PNMFC e que devem ser objeto de atenção especial por parte da gestão da área. Essas ameaças foram identificadas durante os trabalhos de campo do diagnóstico do plano de manejo e com base nas informações obtidas nas oficinas participativas de diagnóstico e planejamento (Prefeitura de São Paulo, 2014). O exercício de identificação dos serviços ecossistêmicos gerados pela UC e dos alvos de bem-estar social decorrentes auxilia na gestão da área pelo fato de destacar seus benefícios diretos para a sociedade e serve de insumo para um exercício futuro de valoração desses serviços.

Nesse sentido, vale destacar que são inúmeros os serviços ambientais prestados pelas nossas áreas naturais protegidas, sejam elas rurais ou urbanas, e dificilmente vemos casos em que essas áreas recebem alguma contrapartida financeira por isso. O reconhecimento dos diversos serviços oferecidos por elas à nossa sociedade, bem como a realização de exercícios de valoração econômica são pré-requisitos para a construção de esquemas e programas de pagamento por serviços ambientais que contribuam com a gestão desses espaços e assegurem a perpetuidade dos numerosos benefícios que essas áreas oferecem a toda a sociedade.

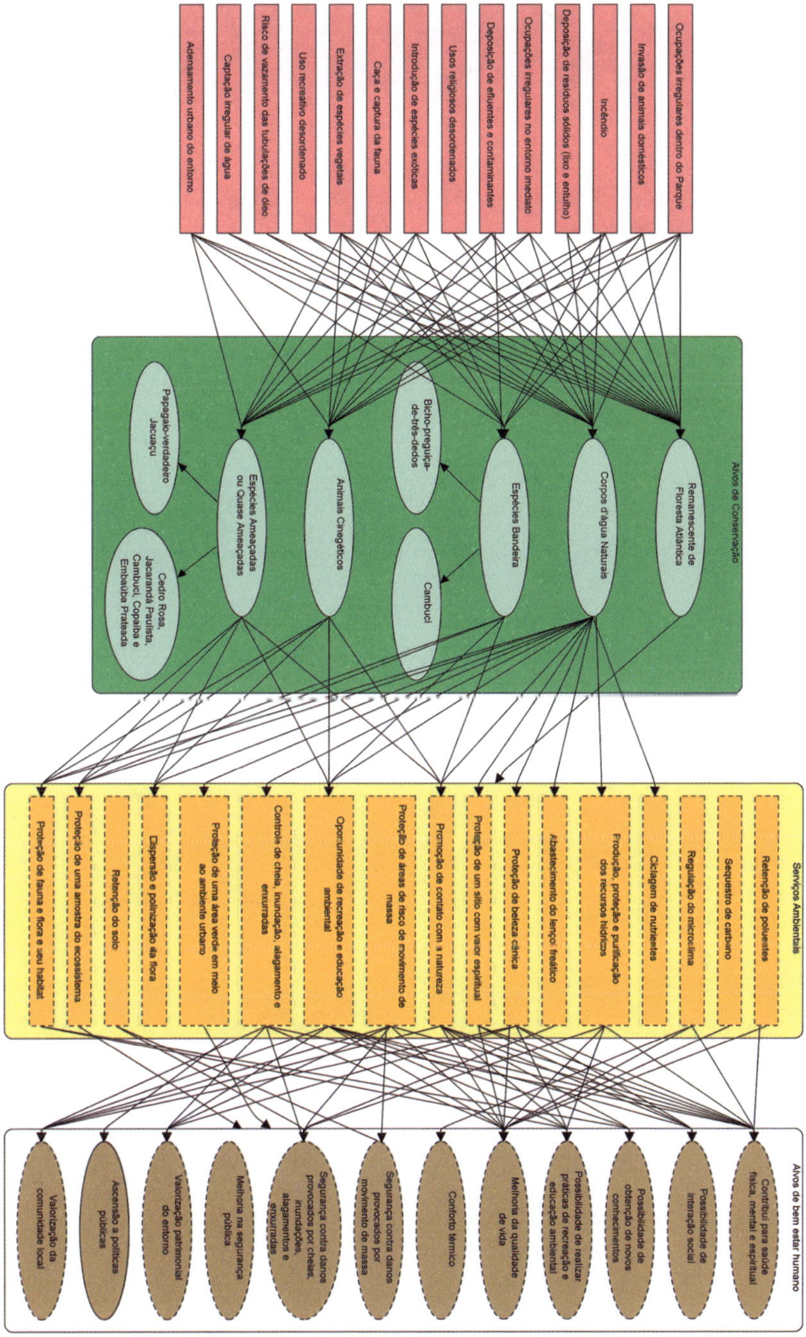

Figura 28. Modelo conceitual do Parque Natural Municipal Fazenda do Carmo. Fonte: Prefeitura de São Paulo (2014).

CAPÍTULO 4

Áreas protegidas urbanas: caminhos para a integração com as cidades

À medida que o mundo se torna mais urbano, a importância das áreas naturais como reservas de biodiversidade e de serviços ambientais aumenta. Metade da população mundial vive atualmente em centros urbanos, e a perspectiva é de que até 2030 esse número duplique (UNFPA, 2007). Esse panorama representa, sem dúvida, um grande desafio, mas ao mesmo tempo oportunidade, já que mais de 60% da área projetada para ser urbana em 2030 ainda será convertida (Secretariado da Convenção sobre Diversidade Biológica, 2012), o que pode ser feito valorizando as áreas naturais remanescentes.

As cidades dependem de ecossistemas localizados dentro e fora do ambiente urbano para obter uma ampla variedade de bens e serviços que são essenciais para a sua sustentabilidade econômica, social e ambiental. Ainda que amostras de ecossistemas mais preservados geralmente proporcionem um número maior de serviços ecossistêmicos do que aqueles degradados ou alterados, estes últimos também proporcionam bens e serviços valiosos (Secretariado da Convenção sobre Diversidade Biológica, 2012). Nesse sentido, é contraditório que as cidades cresçam ameaçando áreas que podem representar uma das últimas oportunidades de proteger atributos ecológicos importantes, como espécies, paisagens e processos ecológicos. Assim, a criação e manutenção de áreas protegidas urbanas podem ser consideradas uma estratégia de grande relevância para a saúde e qualidade de vida das populações que residem nas cidades, já que elas têm um papel importante no equilíbrio climático e ambiental das regiões onde estão inseridas. Essas áreas promovem ainda uma série de benefícios locais e regionais, entre os quais se destacam: i) a proteção de ecossistemas e da biodiversidade associada; ii) o aumento da permeabilidade do solo, drenagem de águas pluviais e controle de enxurradas; iii) proteção de cursos de água, nascentes e produção de água; iv) controle de erosão; v) controle de movimentos de massa; vi) controle da poluição hídrica, atmosférica e sonora; vii) regulação microclimática; viii) melhoria na qualidade de vida e possibilidade de recreação em contato com a natureza para moradores do entorno e outros usuários; ix) possibilidades de atividades de educação ambiental e patrimonial, formal e não formal; x) conservação de patrimônio histórico-cultural e sítios sagrados; xi) valorização imobiliária do entorno; xii) oportunidade de geração de renda para a comunidade local; xiii) provisão de espaço de interação social e diminuição do estresse da vida urbana; e xiv) proteção de belezas naturais e descontinuidade da malha urbana.

Cabe frisar que o Brasil, que é um país megadiverso, tem exibido uma taxa de urbanização superior à média mundial, com um impacto direto sobre suas áreas naturais. Nas últimas décadas, as grandes cidades brasileiras absorveram um número elevado de pessoas, sem contar com um planejamento adequado da sua ocupação e, em muitos casos, sem a implantação da infraestrutura urbana necessária e adequada, fato que contribui para o desencadeamento de uma série de problemas ambientais e sociais.

Todas as áreas que compuseram os estudos de caso desta publicação estão localizadas na Mata Atlântica, que é considerada um *hotspot* de biodiversidade e é o bioma mais impactado pelo crescimento urbano no Brasil, no qual vivem 72% da população brasileira (isto é, 145 milhões de habitantes). Assim, a proteção de todo e qualquer remanescente de Mata Atlântica é extremamente importante para garantir a conservação e a manutenção de populações de vários grupos faunísticos e florísticos em longo prazo.

A conservação da biodiversidade nas florestas e outros ambientes naturais urbanos é, sem dúvida, um desafio. Imersas em uma matriz altamente antropizada, essas áreas tornam-se "ilhas" em meio às cidades. A consequência disso são fragmentos de vegetação que não são capazes de abrigar populações viáveis da maioria das espécies ali existentes, e as características do seu entorno praticamente impedem qualquer tipo de troca genética com populações de outros fragmentos. Com o passar do tempo, essas pequenas e isoladas populações ficam sujeitas a inúmeros fatores que tendem a levá-las a uma redução gradativa e, em alguns casos, até a sua eliminação.

Além disso, essas áreas enfrentam uma série de pressões sobre seus recursos naturais relacionadas à caça, pesca e captura de animais para cativeiro e extração de recursos madeireiros e não madeireiros, grande ocorrência de espécies exóticas e domésticas, incidência de fogo, contaminação por esgotos e outros resíduos, implantação de infraestrutura urbana, entre outras. Como consequência desse processo, todas as áreas analisadas neste livro apresentam indícios de defaunação e ausência de espécies de grandes vertebrados e de espécies mais exigentes em termos de qualidade do ambiente. Assim, é extremamente importante o incentivo de pesquisas sobre populações de espécies-chave dessas áreas, verificando sua viabilidade em médio e longo prazo. Essa informação deve subsidiar programas de manejo ativo de fauna e flora, que evitem extirpações locais e minimizem os desequilíbrios associados à fragmentação e ao isolamento dessas áreas.

A despeito de todas as pressões às quais essas UCs estão sujeitas, ainda é notório que todas elas desempenham um papel muito importante na proteção de inúmeras espécies da fauna e da flora, muitas das quais com especial interesse para a conservação tanto em escala local-regional como global, como espécies endêmicas, ameaçadas, sobre-explotadas e migratórias. Tomando como exemplo o PEPB, que é a maior entre todas as UCs analisadas, levantamentos para a elaboração do seu plano de manejo indicaram a ocorrência de pelo menos 934 espécies de plantas, das quais 22 encontram-se sob algum grau de ameaça e 5 são endêmicas do estado do Rio de Janeiro. Em relação à fauna, foram registradas 338 espécies de aves, 20 delas com algum grau de ameaça. Números que, sem dúvida, impressionam e cuja relevância não pode ser minimizada.

O reconhecimento acerca da importância da biodiversidade urbana tem aumentado. A Conferência das Partes (COP, da Convenção sobre Diversidade Biológica – CDB) que ocorreu na Alemanha em 2008 reconheceu o papel das cidades na conservação da biodiversidade, bem como o fato de que a implantação de estratégias e planos de ação nacionais para a conservação da biodiversidade deve acontecer em franca colaboração com os governos locais. Em razão disso, foi constituída uma força-tarefa, composta por representantes de várias instituições e cidades ao redor do mundo, que se reuniu em Cingapura nos anos de 2009, 2010 e 2011 para criar e testar a implantação de um índice para medir a conservação da biodiversidade no nível local, ou seja, nas cidades. O índice leva em consideração três aspectos fundamentais: i) a biodiversidade nativa; ii) os serviços ecossistêmicos; e iii) a governança e o manejo da biodiversidade em nível local. Assim foi instituído o Índice de Biodiversidade nas Cidades (CBI, em inglês, City Biodiversity Index), também chamado de Índice de Cingapura. Entre os vários indicadores considerados para se medir o CBI está a proporção de áreas protegidas presente no território do município. No Brasil, a cidade de Curitiba já testou a aplicação desse índice, que, mesmo sendo um instrumento muito recente, pode orientar os municípios na localização e no aperfeiçoamento da gestão dos seus ativos ambientais, entre os quais estão suas áreas protegidas urbanas.

Tanto o PEPB quanto a RBG, o PSB e o PNMFC têm situação fundiária delicada e estão localizados na periferia de grandes cidades brasileiras (Rio de Janeiro, Salvador e São Paulo), imersos ou limítrofes a áreas densamente ocupadas, muito próximo de bairros e outros agrupamentos humanos, com famílias vivendo no seu interior em maior ou menor intensidade. As condições socioeconômicas da localidade em que estão inseridos são bastante semelhantes em todos os casos: predomínio de populações de baixa renda, vulneráveis econômica e socialmente. Esse cenário favorece a ocupação irregular dessas áreas e a pressão sobre seus recursos naturais. Por outro lado, ressalta sua importância como vetor de desenvolvimento sustentável do entorno, em prover serviços ambientais e oferecer a seus usuários um ambiente agradável, que favoreça o contato com a natureza de forma amena, agradável e segura.

Peixoto et al. (2005) constataram que em países em desenvolvimento os parques urbanos exibem extrema vulnerabilidade com relação aos seus recursos naturais, e frequentemente estão associados a contextos sistemáticos de violência urbana, motivados tanto pelas pressões urbanas para uso do solo quanto pelas questões de exclusão social. O cenário das quatro áreas analisadas neste livro não é diferente. Todas sofrem, em maior ou menor grau, com os impactos da violência urbana. Em alguns casos o próprio acesso à UC é limitado em alguns trechos, pela presença de grupos ligados ao narcotráfico, por exemplo.

Há que se considerar, entretanto, que lidar com questões relacionadas à violência urbana, em geral, não faz parte da rotina de uma UC e, em certa medida, ultrapassa as fronteiras da administração da unidade. Desse modo, muitos gestores e funcionários não estão preparados para se confrontar com situações dessa natureza. Por exemplo, não há registros oficiais e informações sistematizadas relativas ao tema nas UCs analisadas, com exceção do PNMFC, que reuniu poucos dados sobre o assunto durante a elaboração do seu plano de manejo. A dificuldade de obter dados completos e mais precisos sobre as ocorrências e a inexistência de informações sistematizadas sobre o tema da violência nas UCs indicam que essa questão não tem sido objeto de uma ação mais direta da gestão dessas áreas e que esses aspectos tampouco têm sido monitorados. Esse tema representa um grande desafio para a gestão de áreas protegidas urbanas, pois restringe o acesso a determinadas áreas para fins de pesquisa, fiscalização e uso público e compromete até mesmo a permanência e integridade de seus funcionários. É preciso reforçar que combater a violência urbana não é uma atribuição da administração da UC, mas não há dúvidas de que o estabelecimento de parcerias com instituições ligadas ao tema é fundamental e, desse modo, gestores e funcionários de UCs urbanas também devem estar preparados para tal, monitorando eventuais ocorrências e estabelecendo procedimentos claros de interlocução quando confrontados com situações dessa natureza.

Nesse contexto, é imperativo que as UCs urbanas estejam integradas ao seu entorno, fomentando oportunidades de formação, de geração de emprego e renda, funcionando como um polo para atrair oportunidades para o desenvolvimento local. Dessa forma, elas podem contribuir para a reversão ou diminuição das situações de tensão social presentes nas suas imediações.

Programas de educação ambiental e patrimonial bem estruturados são grandes aliados para avançar nessa direção. Esses programas têm um papel central para ampliar a colaboração e a participação social na proteção dessas áreas, como também para irradiar oportunidades para melhorar a qualidade de vida. Como afirma Rocha (1997), além de dialogar com os objetivos específicos de cada UC, os programas de educação ambiental devem contribuir para criar ou fortalecer o apoio público, para estabelecer e aperfeiçoar os canais de comunicação entre a UC e a população, para desenvolver a consciência conservacionista e promover o reconhecimento local quanto à importância das UCs, além de servir como instrumento de envolvimento e participação popular.

A educação ambiental deve ser vista como um dos compromissos sociais dessas áreas e, como tal, representa um elemento estratégico em sua gestão, devendo contemplar todos os públicos com os quais elas se relacionam, em especial as comunidades locais. No entanto, Costa et al. (2005) destacam que as UCs em geral ainda estão muito distantes das escolas. Mesmo aquelas escolas situadas no entorno de UCs encontram-se desconectadas das ações realizadas nessas áreas. A interação com as comunidades que vivem no interior e no entorno das UCs também é incipiente. É papel dessas áreas promover maior integração com essas populações e aumentar a oferta de oportunidades para elas, contribuindo para melhorar sua condição socioeconômica. Todas as áreas abordadas neste livro ainda desenvolvem um caminho bastante tímido nessa direção, no qual os avanços são mais que necessários. Sobre esse tema Trzyna (2007) argumenta que as populações que vivem no entorno também devem contribuir para a conservação das áreas protegidas, do mesmo modo que as áreas protegidas contribuem para melhorar a vida no seu entorno.

As áreas protegidas no Brasil, em geral, carecem de maior compreensão e reconhecimento por parte da sociedade. As pessoas estão cada vez mais desconectadas da natureza e vivem em ambientes e paisagens cada vez mais urbanos, fato que é exatamente um dos principais gargalos para todo o sistema. Nesse contexto, as áreas protegidas urbanas têm o desafio de (re)aproximar as pessoas da natureza, possibilitando reflexões, troca de saberes e aquisição de novos conhecimentos, além de despertar sentimentos de pertencimento, contribuindo no processo de integração entre sociedade e natureza.

Trzyna (2007) afirma ainda que as áreas protegidas urbanas têm um papel crucial na construção e manutenção de uma rede de apoio público para a conservação - especialmente se essas áreas estiverem localizadas em municípios considerados centros político-econômicos, como é o caso do Rio de Janeiro, de São Paulo e Salvador, onde se localizam as áreas que compõem esta publicação, e estiverem próximas a grandes veículos de comunicação. Campanhas de sensibilização e educação voltadas a formadores de opinião e tomadores de decisão, como políticos, empresários, jornalistas e outros segmentos, podem contribuir para ganhar a adesão de pessoas e instituições estratégicas, dando visibilidade e gerando benefícios não apenas para as áreas urbanas, como para todo o sistema de uma região ou mesmo do país. Isso coloca as áreas protegidas urbanas entre as prioridades globais de conservação (Trzyna, 2007).

Também é preciso construir parcerias estratégicas e inovar na busca de soluções para avançar na integração com o entorno. No PSB, por exemplo, uma parceria entre o município de Salvador, responsável pela gestão do parque, e o estado da Bahia, por meio da Secretaria de Desenvolvimento Urbano e a Secretaria de Cultura, permitiu a implantação de um centro cultural no local, gerido pela própria Secretaria de Cultura, que vai promover uma série de ações de cidadania e cursos de formação para jovens e adultos que vivem nos bairros próximos. Em que pesem os eventuais desafios de implementação desse modelo, a iniciativa é interessante e pode ser replicada.

No PEPB e na RBG, ambos circundados por bairros com baixo IDH[29], o plano de manejo recomendou que o estado do Rio de Janeiro desenvolvesse mecanismos legais que permitissem a contratação de pessoas das comunidades locais para a execução de serviços como limpeza, manutenção, jardinagem, além de condutores, barqueiros, mateiros etc. Para os jovens recomendou-se a criação de programas de estágio e voluntariado, a fim de que possam tirar proveito das ações que ocorrem nas UCs, como os projetos de pesquisa, de modo que essa experiência sirva como um processo complementar para a sua formação e, eventualmente, contribua para o acesso desses jovens a novas oportunidades de trabalho. A implantação dessas iniciativas esbarra em duas questões primordiais: a primeira é a burocracia existente nas instituições públicas, e a segunda é a preparação dos gestores das UCs para lidarem com projetos dessa natureza. Mas esses obstáculos precisam ser superados e é preciso inovar no desenho de soluções mais criativas e dinâmicas.

Incentivar e estruturar o turismo e a visitação nessas áreas é imperativo. Além de ser uma fonte de renda em potencial, o turismo pode alavancar o desenvolvimento local em bases mais sustentáveis. Isso é fundamental se considerarmos que em geral essas áreas são circundadas por bairros de periferia, com condições socioeconômicas mais frágeis e menos assistidos por políticas públicas. Além disso, atrair visitantes, oportunidades e recursos para o entorno agrega valor à conservação da área. É importante ressaltar ainda que uma grande parcela da população brasileira apresenta uma renda média familiar insuficiente para investir em atividades de recreação que envolvam viagens e custos mais elevados. Daí a importância de investir e

29 Índice de Desenvolvimento Humano (IDH) é uma medida comparativa usada para classificar os países (e regiões ou municípios) pelo seu grau de "desenvolvimento humano" e para ajudar a classificar os países como desenvolvidos (desenvolvimento humano muito alto), em desenvolvimento (desenvolvimento humano médio e alto) e subdesenvolvidos (desenvolvimento humano baixo. Disponível em: <http://pt.wikipedia.org/wiki/%C3%8Dndice_de_Desenvolvimento_Humano>. Acesso em: 25 de março de 2015.

fortalecer o uso público nos parques urbanos, que podem ser uma das poucas opções de recreação em contato com a natureza para muitos brasileiros.

Outra questão premente para as áreas protegidas urbanas é o ordenamento do uso religioso em seu interior e o reconhecimento de que algumas delas possuem valores simbólicos, sendo reconhecidas como sítios sagrados por uma parcela da população. Os três parques analisados neste livro têm uma demanda de uso do seu território para fins ritualísticos por religiões que têm a natureza como elemento simbólico de conexão com forças espirituais. Muitas vezes essas áreas representam os últimos remanescentes de florestas urbanas em uma localidade ou protegem sítios sagrados consolidados entre alguns grupos. Considerando isso, a construção de normas para todos os possíveis usos religiosos e diretrizes para a sua gestão e monitoramento, de forma participativa, pode alcançar resultados muito positivos - em especial no caso das religiões de matriz africana, cujos rituais por via de regra geram resíduos provenientes das oferendas e cujas manifestações demandam acesso aos recursos naturais em horários especiais.

A necessidade de pesquisa e de geração de conhecimento que possa ser aplicado ao manejo dessas áreas é outro fator muito relevante. De modo geral, essa é uma deficiência que prevalece em todo o sistema, mas, diante do contexto urbano de algumas áreas protegidas, que sofrem de uma variedade de pressões que incidem de forma intensa e rápida sobre o seu território e estão sujeitas a uma dinâmica própria de uso e ocupação do solo ao seu redor, esse conhecimento disponível para apoiar o manejo torna-se ainda mais valioso. No entanto, sua localização, em geral mais próxima de universidades e instituições de pesquisa, cria uma grande oportunidade para o estabelecimento de parcerias estratégicas para promover a pesquisa e a produção de conhecimento que contribua para o seu manejo e conservação. O monitoramento de parâmetros ambientais, sociais e econômicos dessas áreas também é imprescindível para gerar informações aplicadas, possibilitando respostas rápidas da sua gestão e contribuindo para o seu manejo adaptativo.

As UCs urbanas partilham dos mesmos desafios que atingem a maior parte das UCs brasileiras, como os problemas fundiários, as lacunas em recursos humanos, a ausência de planos de manejo e sua implementação, a baixa autonomia administrativa dos gestores e os problemas orçamentários, que são agravados por uma tendência de decréscimo da disponibilidade de recurso por unidade de superfície e pela irregularidade do seu repasse (Dourojeanni e Pádua, 2001; Mercadante, 2007). No entanto, o que se observa é que os reflexos perversos do desaparelhamento das UCs demoram mais para aparecer em áreas mais isoladas, seja porque elas têm menos visibilidade, seja porque as pressões são menores e os impactos negativos sobre elas incidem mais lentamente. Já nas áreas urbanas esses problemas parecem ser potencializados.

Trzyna (2007) adverte que, na maioria dos casos, as respostas a esses desafios são mais políticas do que técnicas. Isto é, um gestor não pode aplicar sozinho as técnicas conhecidas de manejo, a menos que tenha um bom arranjo político com o seu entorno. Alianças e parcerias são essenciais, por todas as razões expostas anteriormente. Elas podem vir de diferentes formas, desde coalizões temporárias acerca de questões imediatas e pontuais, parcerias formais, institucionais e de longo prazo, até convênios amplos para lidar com uma grande variedade de aspectos (Trzyna, 2007). Nesse sentido, a construção de uma rede de parceiros, com características e atuações diversas, deve ser prioridade para todas as UCs, em especial as urbanas.

Um modelo de parceria que vem alcançando resultados interessantes para várias UCs tanto na Mata Atlântica quanto em outros biomas no Brasil é a criação de mosaicos. Os mosaicos de áreas protegidas são conjuntos de UCs e outras áreas protegidas, previstos no SNUC[30], que atuam como um espaço de gestão integrada, de compartilhamento de recursos e de oportunidades, bem como de resolução de conflitos, ao mesmo tempo que delimitam um contorno territorial. O principal objetivo dos mosaicos é promover a gestão integrada e participativa de suas áreas protegidas, respeitando as diferentes categorias de manejo e objetivos de conservação (Herrera, 2010). Essa ferramenta também visa promover a conectividade funcional e física dos ecossistemas, estabelecer espaços de articulação institucional e de discussão de políticas públicas, reconhecer ou fortalecer a identidade territorial, contribuir com o ordenamento territorial e para o

30 De acordo com o SNUC, em seu artigo 26, "quando existir um conjunto de unidades de conservação de categorias diferentes ou não, próximas, justapostas ou sobrepostas, e outras áreas protegidas públicas ou privadas, constituindo um mosaico, a gestão do conjunto deverá ser feita de forma integrada e participativa, considerando-se os seus distintos objetivos de conservação, de forma a compatibilizar a presença da biodiversidade, a valorização da sociodiversidade e o desenvolvimento sustentável no contexto regional".

desenvolvimento territorial sustentável, contribuir para a resolução e gestão de conflitos e melhorar a capacidade operacional do conjunto das áreas protegidas (Pinheiro, 2010).

Dessa forma os mosaicos contribuem para alcançar uma escala maior de conservação, abrangendo uma área mais extensa que a de cada UC individualmente, além da otimização dos recursos, da integração da infraestrutura e de ações de fiscalização.

A RBG e o PEPB integram o Mosaico Carioca, que foi criado em 2012 e conta com uma estrutura própria de gestão. Esse modelo também enfrenta uma série de desafios para ser implementado, mas parece um caminho bastante razoável na busca por sinergias entre áreas protegidas e instituições envolvidas na sua gestão. O PSB e o PNMFC não integram mosaicos oficiais, embora ambos estejam inseridos em APAs e apresentem outras áreas protegidas em seus arredores, o que constitui uma oportunidade para o desenvolvimento de modelos de gestão integrada.

Outro aspecto fundamental é que a falta de diálogo e de sinergia entre as políticas públicas voltadas à conservação ambiental com aquelas de planejamento e desenvolvimento urbano precisa ser superada. É preciso reconhecer os impactos provenientes de um mundo cada vez mais urbanizado e criar respostas apropriadas de governança para esse novo cenário (Secretariado da Convenção sobre Diversidade Biológica, 2012). As UCs localizadas em áreas urbanizadas podem funcionar ainda como uma barreira à expansão urbana (Debetir, 2006), o que as torna aliadas importantes nos exercícios de zoneamento e planejamento urbano. A implementação de suas zonas de amortecimento, por exemplo, é um grande desafio, mas também representa uma oportunidade de promoção do diálogo e do estabelecimento de um alinhamento político mais concreto entre a gestão das UCs e as instituições que atuam no território. Nesse contexto, é fundamental que os gestores das áreas protegidas urbanas estejam preparados para desempenhar um papel de intermediação e articulação com as demais esferas de poder, instituições públicas e privadas, legisladores, políticas públicas municipais, cuja atuação possa reverberar sobre essas áreas e seu entorno imediato.

Uma estratégia inovadora nesse sentido foi proposta no plano de manejo do PNMFC: a implantação de um corredor ecológico urbano, conectando o parque às nascentes do Rio Aricanduva. O desenho desse corredor foi elaborado com a contribuição dos participantes das oficinas de planejamento, levando em conta a possibilidade de abranger a zona de amortecimento do PNMFC e de englobar a maior parte dos fragmentos prioritários para conservação da região, evitando regiões densamente urbanizadas. O desenho final foi um polígono contínuo, interligando os maiores remanescentes identificados nessa paisagem. Foram identificadas ainda áreas estratégicas para serem conservadas e para serem restauradas, com o propósito de ampliar os fragmentos remanescentes - tornando-os mais propícios para abrigar espécies mais sensíveis - e possibilitar a criação de áreas "trampolins" entre os grandes fragmentos, com o intuito de reduzir o seu isolamento. O desenho do corredor considerou, ainda, o zoneamento da região proposto pelo plano diretor vigente no município de São Paulo e propôs a utilização de algumas estratégias para tornar o ambiente urbano menos hostil à conservação da biodiversidade, como o estabelecimento de projetos de arborização em grandes vias ou ao longo do leito de rios e córregos.

O Secretariado da Convenção Sobre Diversidade Biológica (2012) sugere que, nas cidades, algumas intervenções locais podem contribuir para manter ou ampliar a biodiversidade, como, por exemplo: i) restaurar *habitats* existentes nas cidades; ii) enriquecer ou reintroduzir gradualmente espécies de plantas e animais que aumentarão a complexidade de ecossistemas e dos serviços que eles proporcionam; iii) promover plantios de espécies nativas em parques, praças, ruas, jardins domésticos, jardins verticais e em telhados, além de outras áreas, o que diversifica o ambiente que dá suporte a mamíferos, aves, répteis, anfíbios, abelhas e outros insetos; iv) criar pequenas áreas úmidas, como lagos ou depressões, o que ajuda na prestação de uma variedade de serviços ecossistêmicos. Mesmo pequenos jardins urbanos podem proporcionar *habitat* para polinizadores nativos, como abelhas, cujos números diminuíram em níveis alarmantes nos últimos anos.

De um modo geral, a conservação da biodiversidade e dos ambientes naturais é considerada menos relevante que outras demandas sociais, como o combate à pobreza, a geração de emprego e renda, a habitação, a saúde, a mobilidade etc. É preciso mudar essa percepção, pois as áreas naturais e a biodiversidade dialogam diretamente com a qualidade de vida e representam a base para o desenvolvimento urbano, tanto de forma direta quanto indireta (Secretariado da Convenção sobre Diversidade Biológica, 2012). Assim, é urgente ampliar a compreensão da sociedade em geral e do poder público de que as cidades não são apenas espaços onde se evidenciam problemas sociais e que a problemática ambiental está diretamente ligada às construções humanas e às relações sociais, seja por fatores físicos, econômicos, históricos ou culturais (Prieto, 2006).

Além disso, é preciso inovar e buscar caminhos alternativos e soluções que atendam as especificidades de cada UC. Um exemplo interessante aconteceu no Cape Town's Kirstenbosch National Botanical Garden, situado na Cidade do Cabo, África do Sul, e no Golden Gate National Recreation Area, localizado em São Francisco, Estados Unidos. Essas duas áreas protegidas criaram "Centros de Conservação" que abrigam os escritórios de várias agências, ONGs e instituições, e oferecem espaços de encontros/eventos para elas. Compartilhar espaço acaba por promover uma sinergia entre a atuação dessas instituições e a gestão das áreas protegidas, promovendo ganhos para a gestão dessas áreas (Trzyna, 2007).

Existe hoje um reconhecimento por parte da sociedade mundial de que a construção de comunidades sustentáveis depende de três capitais coexistindo em harmonia: o econômico, o ambiental e o social. Nesse contexto, os parques e demais áreas protegidas são um dos maiores ativos do capital ambiental de uma sociedade (Trzyna, 2005). Assim, torna-se extremamente importante quantificar e disseminar os benefícios que essas áreas protegidas podem gerar (Trzyna, 2007), utilizando essas informações em campanhas para a sua valorização e estimulando um processo de reconciliação entre o desenvolvimento urbano e a conservação da natureza.

As áreas protegidas urbanas, se bem manejadas, podem preencher a lacuna existente entre as demandas de conservação ambiental e os imperativos sociais e econômicos do nosso tempo (Trzyna, 2014). Esse é um desafio que precisa ser enfrentado, pois, visto que vivemos em um mundo cada vez mais urbanizado, os gestores de áreas protegidas também precisam se especializar e estar preparados para responder rapidamente e de forma eficaz ao surgimento de elementos que coloquem as UCs e sua conservação em risco (Pellin et al., 2014).

Investimentos apropriados na promoção da adequada gestão das áreas protegidas urbanas podem minimizar as pressões e ameaças sobre essas áreas e amplificar seus inúmeros benefícios. Com esse propósito, os seus gestores devem buscar uma aproximação dessas áreas com a sociedade, fomentando oportunidades para a realização de pesquisa científica, estimulando práticas econômicas mais sustentáveis em seu entorno, promovendo a recreação, a contemplação da natureza, iniciativas de educação ambiental e permitindo práticas ligadas à religiosidade que valorizam a natureza e seus espaços sagrados. Se isso ocorrer, teremos uma sociedade mais próxima das áreas protegidas, que passará a vê-las como espaços importantes dentro do contexto urbano, valorizando e defendendo sua existência e, por conseguinte, a de outras áreas naturais protegidas de nosso país.

Referências bibliográficas

ABREU, R. C. R. **Estrutura de populações de uma espécie exótica na Mata Atlântica: o caso da potencial invasora *Artocarpus heterophyllus* L. (jaqueira) no Parque Nacional da Tijuca, RJ**. 62 f. Monografia (Bacharel em Ciências Biológicas) - Departamento de História Natural, UNIRIO. 2003.

ALBIERI, R. J.; ARAUJO, F. G. Reproductive biology of the mullet *Mugil liza* (Teleostei: Mugilidae) in a tropical Brazilian bay. **Zoologia**, v. 27, n. 3, 331-340, 2010.

ALMEIDA, B. J. M.; BARBIERI, E. Biodiversidade das aves do manguezal da 13 de Julho em Aracaju, Sergipe. **O Mundo da Saúde**, v. 2, p. 317-328, 2008.

ALMEIDA, P. M. M.; CAMPOS, N. S.; CHAVES, F. O.; ESTRADA, G. C. D.; ROSADO, B. B.; SILVA, J. E. S.; SOARES, M. L. G. Análise do padrão de colonização de uma planície hipersalina por espécies de mangue na região do Rio Piraquê, Baía de Sepetiba (Rio de Janeiro). **Anais do III Congresso Brasileiro de Oceanografia (CBO).** Fortaleza, maio 2008.

ALVEY, A. A. Promoting and preserving biodiversity in the urban forest. **Urban Forestry & Urban Greening**, v. 5, p. 195-201, 2006.

AMARAL, J. V. **Caça de animais silvestres nas reservas de desenvolvimento sustentável Mamirauá e Amanã**. Tese (Doutorado) – Programa de Pós-Graduação em Ecologia, Manejo e Conservação da Vida Silvestre. 2012.

AMIGOS DO PARQUE ESTADUAL DA PEDRA BRANCA. Estado de Preservação. Disponível em: <http://www.parquepedrabranca.com/p/estado-de-preservacao.html>. Acesso em: 11 ago. 2011.

ARAUJO, F. G.; CRUZ-FILHO, A. G.; AZEVEDO, M. C.; SANTOS, A. C. A. Estrutura da comunidade de peixes demersais da Baía de Sepetiba. **Revista Brasileira de Biologia**, v. 58, n. 3, 417-430, 1998.

ARAÚJO, M. A. R. A gestão das unidades de conservação à luz da abordagem ecossistêmica. In: NEXUCS (Org.). **Unidades de conservação no Brasil: o caminho da gestão para resultados.** São Carlos: Rima, 2012. p. 144-173.

AVALIAÇÃO ECOSSISTÊMICA DO MILÊNIO. 2003. Ecosystems and human well-being: a framework for assessment. Disponível em: <http://www.millenniumassessment.org/en/Framework.aspx>. Acesso em: 1 set. 2013.

AZEVEDO, P. U. E. Implementando as Unidades de Conservação: particularidades da regularização fundiária. In: MILANO, M. S. **Unidades de conservação: atualidades e tendências**. 2002. p. 17-30.

BAGER, A.; PIEDRAS, S. R. N.; SAN MARTIN, T.; HÓBUS, Q. Fauna selvagem e atropelamento: diagnóstico do conhecimento brasileiro. In: BAGER, A. (Ed.) Áreas protegidas: **repensando as escalas de atuação.** Porto Alegre: Armazém Digital, 2007. p. 49-62.

BALOTTA, P. T.; BITTAR, O. Y. Indicadores ambientais para o monitoramento de parques urbanos. **InterfacEHS - Revista de Saúde, Meio Ambiente e Sustentabilidade**, v. 4, n. 2, 2009.

BARBORAK, J. Mitos e realidade da concepção atual de áreas protegidas na América Latina. In: **I Congresso Brasileiro de Unidades de Conservação, Curitiba.** Anais. UNILIVRE. 1997. v. 1, p. 39-47.

BARRETTO FILHO, H. T. Notas para uma história social das áreas de proteção integral no Brasil. In: RICARDO, F. (Org.) **Terras indígenas e Unidades de Conservação.** São Paulo: Instituto Socioambiental, 2004. p. 53-63.

BENCKE, G. A.; MAURÍCIO, N.; DEVELEY, P.; GOERKE, J. Áreas importantes para a conservação de aves no Brasil: parte 1 - estados do domínio da Mata Atlântica. São Paulo: SAVE Brasil, 2006. p. 494.

BEYER, K. M. M.; KALTENBACH, A.; SZABO, A.; BOGAR, S.; NIETRO, F.; MALECKI, K. M. "Exposure to neighborhood green space and mental health: evidence from the survey of the health of Wisconsin". **International Journal of Environmental Research and Public Health**, v. 11, p. 3453-3472, 2014.

BRANDON, K. Perils to park: the social context of threats. In: BRANDON, K.; REDFORD, K. H.; SANDERSON, S. (Eds.). **Parks in peril: people, politics, and protected areas.** Washington, D.C.: Island Press, 1998. p. 415-439.

BRIGGS, J. Avoid breeding apathy: reward a developer of biodiversity in your suburban ecosystem. 2012. Disponível em: <http://www.talkingnature.com/2012/11/conservation/avoidapathy/>. Acesso em: 22 ago. 2014.

BRITO, P. L. **Sensoriamento remoto na identificação de elementos e tipologias urbanas relacionados à ocorrência da leptospirose no Subúrbio Ferroviário de Salvador, Bahia.** Tese de Doutorado em Engenharia de Transportes - Informações Espaciais. Escola Politécnica da Universidade de São Paulo, São Paulo, 2010.

CABRAL, M.; PEREIRA, H. M.; CRUZ, C. S.; MATHIAS, M. L. O índice de biodiversidade nas cidades como ferramenta para gestão: o caso da cidade de Lisboa. **Ecologi@**, n. 6, p. 63-72, 2012.

CANALE, G.; PERES, C. A.; GATTO, C. F.; KIERUFF, M. C. M. Pervasive defaunation of forest remnants in a tropical biodiversity hotspot. **PLoS One**, v. 7, n. 8, e41671, 2012.

CASTRO, C. F. A. **Gestão florestal no Brasil Colônia.** 2002. Tese (Doutorado em Desenvolvimento Sustentável) - Centro de Desenvolvimento Sustentável, Universidade de Brasília–UnB, Brasília, 1992.

CATHARINO, E. L. M.; ARAGAKI, S. A vegetação do município de São Paulo: de Piratininga à metrópole paulistana. In: MALAGOLI, L. R.; BAJESTEIRO, F. B. e WHATELY, M. (Orgs.). **Além do concreto:** contribuições para a proteção da biodiversidade paulistana. São Paulo: Instituto Socioambiental, 2008. p. 54-89.

CERATI, T. M.; LAZARINI, R. A. M. A Pesquisa-ação em educação ambiental: uma experiência no entorno de uma unidade de conservação urbana. **Ciência & Educação**, v. 15, n. 2, p. 383-92, 2009.

CERQUEIRA, R.; BRANT, A.; NASCIMENTO, M. T.; PARDINI, R. Fragmentação: alguns conceitos. In: RAMBALDI, D. M.; OLIVEIRA, D. A. S. (Orgs). Fragmentação de ecossistemas: causas, efeitos sobre a biodiversidade e recomendações de políticas públicas. Brasília: MMA/SBF, 2003. p. 24-40.

CHAVES, F. O.; GOMES, J. R.; SOARES, M. L.; ESTRADA, G. C. D.; ALMEIDA, P. M. M.; OLIVEIRA, V. F. Contribuição ao conhecimento e à conservação da planície costeira de Guaratiba - Baía de Sepetiba, Rio de Janeiro - Brasil. Revista da Gestão Costeira Integrada, Itajaí, v. 8, 2010.

CIFUENTES, M.; IZURIETA, A.; FARIA, H. H. Medición de la efectividad del manejo de areas protegidas. WWF; IUCN; GTZ. Turrialba, Costa Rica. 2000. 105p.

CMA/CNRBMA – CONSÓRCIO MATA ATLÂNTICA E CONSELHO NACIONAL DA RESERVA DA BIOSFERA DA MATA ATLÂNTICA. Questão fundiária: roteiro para solução dos problemas fundiários nas áreas protegidas. In: GUATURA, I. S.; CORRÊA, F.; COSTA, J. P. O.; AZEVEDO, P. U. E (Orgs.). Série Conservação e Áreas Protegidas. Caderno n. 1, 2. ed. São Paulo: Instituto Florestal do Estado de São Paulo (IF-SP), 1996.

CONDER – COMPANHIA DE DESENVOLVIMENTO URBANO DO ESTADO DA BAHIA. **Relatório de Acompanhamento do Projeto Dias Melhores**. Salvador. (s.n.). 2009.

CONDER – COMPANHIA DE DESENVOLVIMENTO URBANO DO ESTADO DA BAHIA. **Plano de Manejo do Parque São Bartolomeu**. PELLIN, A.; REIS, J. C. (Coord). IPÊ – Instituto de Pesquisas Ecológicas/INEA. Salvador, 2013.

COSTA, L. M. **A Floresta Sagrada da Tijuca:** estudo de caso de conflito envolvendo uso público religioso de parque nacional. Dissertação (Mestrado em Psicologia Social). Universidade Federal do Rio de Janeiro, Rio de Janeiro, 2008.

COSTA, L. M. Educação ambiental e religiões afro-brasileiras num contexto de conflito envolvendo oferendas religiosas no Parque Nacional da Tijuca: desafios e perspectivas. In: CORRÊA; COSTA; BARROS (Orgs). **A floresta:** educação, cultura e justiça ambiental. Rio de Janeiro: Garamond Universitária, 2013. p. 85-104.

COSTA, N. M. C.; COSTA, V. C.; CONCEIÇÃO, R. S.; RIBEIRO, J. V. M. R. Fragilidade ecoturística em áreas de atrativos no Parque Estadual da Pedra Branca (RJ). **Revista Geo UERJ**, UERJ, Rio de Janeiro, ano 11, v. 2, n. 19, p. 38-160, 2009.

COSTA, N. M. C.; COSTA, V. C.; MELLO, F. A. P.; LIMA, A. P.; MARQUES, N. P. A escola e sua ligação com as unidades de conservação: análise do conhecimento e percepção dos alunos sobre o meio ambiente. 2005. Disponível em: <http://geografiahumanista.files.wordpress.com/2009/11/nadja.pdf>. Acesso em: 14 de abril de 2015.

COSTA. N. M. C. **Análise do Parque Estadual da Pedra Branca (RJ) por geoprocessamento:** uma contribuição ao seu plano de manejo. 2002. v. 1. 317 p. Tese (Doutorado) – Programa de Pós-Graduação em Geografia da UFRJ, Rio de Janeiro, 2002.

COSTA, R. N. L. T. R. **Pensar o mar para poder pescar: o espaço da pesca de litoral na Baía de Sepetiba, RJ.** 1992. Tese (Mestrado) – Curso de Pós-Graduação em Geografia da Universidade Federal do Rio de Janeiro, Rio de Janeiro, 1992. 181p.

COSTA, V. C. l. **Monitoramento do uso do solo urbano com base em interpretação visual de imagem de satélite Alos (Prism) e Google Earth:** um estudo de caso na zona de amortecimento do Parque Estadual da Pedra Branca (PEPB) - município do Rio de Janeiro (RJ). In: Anais do XV Simpósio Brasileiro de Sensoriamento Remoto - SBSR, INPE. Curitiba, p. 6.984, 2011.

DAVIDSON, C.; SHAFFER, H. B.; JENNINGS, M. R. Declines of the California red-legged frog: climate, UV-B, habitat, and pesticides hypotheses. **Ecol. Appl.**, v. 11, p. 464-479, 2001.

DEBETIR, E. **Gestão de unidades de conservação sob influência de áreas urbanas**: Diagnóstico e estratégias de gestão na Ilha de Santa Catarina, Brasil. Tese de Doutorado. Programa de Pós-Graduação em Engenharia Civil (PPGEC), Universidade de Santa Catarina, 2006.

DOUROJEANNI, M. J.; PADUA, M. T. J. In: DOUROJEANNI, M. J.; PADUA, M. T. J. **Biodiversidade: a hora decisiva**. Curitiba: UFPR. Série Pesquisa, n. 56, p. 308, 2001.

DRUMMOND, J. A. Devastação e preservação ambiental: os parques nacionais do estado do Rio de Janeiro. Niterói: EdUFF, 1997.

ERVIN, J. Protected areas assessments in perspective. **BioScience**, v. 53, n. 9, p. 819-822, 2003.

EWERS, R. M.; DIDHAM, R. K. The effect of fragment shape and species' sensitivity to habitat edges on animal population size. **Conservation Biology**, v. 21, p. 926-936, 2007.

FABRICANTE, J. R.; ARAÚJO, K. C. T.; ANDRADE, L. A.; FERREIRA, J. V. A. Invasão biológica de *Artocarpus heterophyllus* Lam. (Moraceae) em um fragmento de Mata Atlântica no Nordeste do Brasil: impactos sobre a fitodiversidade e os solos dos sítios invadidos. **Acta Botanica Brasilia**, Feira de Santana, v. 26, n. 2, p. 121-132, abr./jun. 2012.

FARIA, H. H. **Eficácia de gestão de unidades de conservação gerenciadas pelo Instituto Florestal de São Paulo, Brasil**. 401 p. Tese (Doutorado em Geografia) - Universidade Estadual Paulista de Presidente Prudente, Presidente Prudente, 2004.

FARIA, H. H.; PIRES, A. S.; SERIO, F. C. Gestão de unidades de conservação: conceituação e componentes básicos para a excelência do processo. In: CONGRESSO BRASILEIRO DE UNIDADES DE CONSERVAÇÃO, 5. Foz do Iguaçu. **Anais...** Curitiba: FBPN, 2007.

FEMERJ – Federação de Montanhismo do Estado do Rio de Janeiro. **Seminário de Montanha do Parque Estadual da Pedra Branca.** Disponível em: <http://www.femerj.org/images/arquivos/seminrio_de_mnimo_impacto_do_pepb_finalizado.pdf >. Acesso em: 10 ago. 2011.

FERNANDEZ, F. A. S. **Efeitos da fragmentação de ecossistemas: a situação das Unidades de Conservação.** In: ANAIS DO CONGRESSO BRASILEIRO DE UNIDADES DE CONSERVAÇÃO, I, 1997, Curitiba, Paraná. p. 48-68.

FERREIRA, F. P. M.; CUNHA, S. B. Enchentes no Rio de Janeiro: efeitos da urbanização no Rio Grande (Arroio Fundo) – Jacarepaguá. **Anuário do Instituto de Geociências**. v. 19. 1996.

FERREIRA, Lourdes M. Uma interpretação jurídica sobre as zonas de amortecimento das UCs no Brasil. Disponível em: <http://www.redeprouc.org.br/site2009/artigos-gr.asp?codigo=266>. Acesso em: 23 abr. 2015.

FORMIGLI, A. L. M. (Ed.). **Parque Metropolitano de Pirajá:** história, natureza e cultura. Salvador: Centro de Educação Ambiental São Bartolomeu – Editora do Parque, 1998. p. 168.

FREITAS, S. R.; NEVES, C. L.; CHERNICHARO, P. Tijuca National Park: two pioneering restorationist initiatives in Atlantic forest in southeastern Brazil. **Braz. J. Biol.**, v. 66, n. 4, p. 975-982, 2006.

FUNDAÇÃO FLORESTAL DO ESTADO DE SÃO PAULO. Resumo executivo do Plano de Manejo do Parque Estadual da Cantareira. São Paulo, 2009.

FUNDAÇÃO JOÃO PINHEIRO. **Déficit habitacional municipal no Brasil.** Centro de Estatística e Informações – Belo Horizonte. 78p. 2013.

FUNDAÇÃO SOS MATA ATLÂNTICA; INSTITUTO NACIONAL DE PESQUISAS ESPACIAIS. **Atlas dos remanescentes florestais da Mata Atlântica** - Período 2013-2014. Relatório Técnico. 2015.

GOMES, J. R. **Levantamento da ictiofauna do maciço da Pedra Branca e arredores, Rio de Janeiro, Estado do Rio de Janeiro**. Arquivos do Museu Nacional, Rio de Janeiro, 64(4), p. 309-320, 2006.

GOMES, M. A. S.; SOARES, B. R. Vegetação nos centros urbanos: considerações sobre os espaços verdes em cidades médias brasileiras. **Estudos Geográficos**, Rio Claro, v. 1, n. 1, p. 19-29, jun. 2003.

GONÇALVES, M. A. **Informe Nacional sobre Áreas Protegidas no Brasil.** MMA. Série Áreas Protegidas do Brasil, v. 5, p. 124, 2007.

GUARATIBA – Baía de Sepetiba, Rio de Janeiro, RJ. **Revista de Gestão Costeira Integrada**, v. 8, n. 2, 2010.

GUIMARÃES, I. C. S.; TAVARES-NETO, J. Transmissão urbana de esquistossomose em crianças de um bairro de Salvador, Bahia. **Revista da Sociedade Brasileira de Medicina Tropical**, v. 39, n. 5, p. 451-455, 2006.

HERRERA, B. **Mosaicos de áreas protegidas.** Reflexões e propostas da cooperação franco-brasileira. Anexo 1. Mosaicos de Áreas Protegidas. Ministério do Meio Ambiente, MMA; Embaixada da França no Brasil - CDS, UnB. Brasília, 2010.

HOCKINGS, M.; STOLTON, S.; DUDLEY, N. **Evaluating effectiveness:** a framework for assessing the management of protected areas. Gland, Switzerland and Cambridge: IUCN, 2000. p. 105.

HORTA, M. L. P. **Guia Básico de Educação Patrimonial.** Brasília: Instituto de Patrimônio Histórico e Artístico Nacional, Museu Imperial, 1999.

IBAMA - INSTITUTO BRASILEIRO DE MEIO AMBIENTE E DOS RECURSOS NATURAIS RENOVÁVEIS. **Efetividade de gestão das unidades de conservação federais do Brasil.** Ibama, WWF-Brasil. Brasília: Ibama, 2007. 96 p.

IBGE – INSTITUTO BRASILEIRO DE GEOGRAFIA E ESTATÍSTICA. **Vamos conhecer o Brasil.** Disponível em: <http://7a12.ibge.gov.br/vamos-conhecer-o-brasil/nosso-povo/caracteristicas-da--populacao>. Acesso em: 1 ago. 2014.

ICMBio INSTITUTO CHICO MENDES DE CONSERVAÇÃO DA BIODIVERSIDADE. **Avaliação comparada de aplicações do método RAPPAM nas unidades de conservação federais nos ciclos de 2005-2006 e 2010**. ICMBio - WWF-Brasil. Brasília, 2011. 134p.

IEF - INSTITUTO ESTADUAL DE FLORESTAS. **Pré-Plano de Manejo do Parque Estadual da Pedra Branca**. Documento apresentado para o Instituto Estadual do Meio Ambiente (não publicado), 2006.

INDRUSIAK, C. B. **Metodologias para avaliação do perfil do público em programas de educação ambiental para áreas protegidas**. In: ANAIS DO II CONGRESSO BRASILEIRO DE UNIDADES DE CONSERVAÇÃO. Campo Grande: IAP/UniLivre/RNPUCS, v. II, p. 243 -247, 2000.

INEA - INSTITUTO ESTADUAL DO AMBIENTE DO RIO DE JANEIRO. **Plano de Manejo do Parque Estadual da Pedra Branca.** PELLIN, A; GUIMARÃES, E. S. (Coord.). Secretaria Estadual do Ambiente, Instituto Estadual do Ambiente, Rio de Janeiro, 2012a.

INEA - INSTITUTO ESTADUAL DO AMBIENTE DO RIO DE JANEIRO. **Plano de Manejo da Reserva Biológica Estadual de Guaratiba.** PELLIN, A; GUIMARÃES, E. S. (Coord.). Secretaria Estadual do Ambiente, Instituto Estadual do Ambiente, Rio de Janeiro, 2012b.

IPP - INSTITUTO MUNICIPAL DE URBANISMO PEREIRA PASSOS; SMU - SECRETARIA MUNICIPAL DE URBANISMO; SMAC - SECRETARIA MUNICIPAL DE MEIO AMBIENTE - DEPARTAMENTO DE TECNOLOGIA E INFORMAÇÃO. **Indicadores ambientais da cidade do Rio de Janeiro:** Brasil 2005. Rio de Janeiro: IPP, Coleções de estatísticas gerais, 180p. 2005.

IUCN - INTERNATIONAL UNION FOR CONSERVATION OF NATURE. The IUCN Red List of Threatened Species Version. 3.1. 2001.

IWAMA, A.; LIMA, F. B.; PELLIN, A. Questão fundiária em áreas protegidas: uma experiência no Parque Estadual da Pedra Branca (PEPB), Rio de Janeiro, Brasil. **Sociedade & Natureza,** Uberlândia, v. 26, n. 1, p. 77-93, 2014.

KHATIRESAN, K.; BINGHAM, B. L. Biology of mangroves and mangrove ecosystems. **Advances in Marine Biology**, v. 40, p. 81-251, 2001.

KNEIP, L. M. (Org.). **Coletores e pescadores pré-históricos de Guaratiba, Rio de Janeiro.** Rio de Janeiro: EDUFF - Museu Nacional, Série Livro, 1985.

LABORATÓRIO DE GESTÃO DO TERRITÓRIO. **Mudanças Climáticas:** Região Metropolitana do Rio de Janeiro. Rio de Janeiro, p. 258-289, 2011.

LARDOSA, E. I. **Mapeamento dos remanescentes de manguezal, a partir da interpretação de ortofotos coloridas, e análise dos vetores de pressão antrópica, como subsídio ao planejamento para conservação do ecossistema no Estado do Rio de Janeiro**. Tese (Doutorado) - Programa de **Pós-Graduação em Meio Ambiente,** Universidade do Estado do Rio de Janeiro, Rio de Janeiro, 2011.

LIMA, G.; RIBEIRO, G. A.; GONÇALVES, W. Avaliação da efetividade de manejo de unidades de conservação de proteção integral em Minas Gerais. **Revista Árvore**, Viçosa, v. 29, n. 4, p. 647-653, 2005.

LIMA, K. C. B. **Impacto de estradas em unidades de conservação do Brasil.** Centro Brasileiro de Estudos em Ecologia de Estradas. 94 p. 2013.

LOPES, M. I. M. S. **Fluxo de água, balanço químico e alterações no solo da Floresta Atlântica atingida pela poluição aérea de Cubatão, São Paulo, Brasil.** Tese (Doutorado), Universidade de São Paulo, São Paulo, 2001.

MALTA, R. R.; COSTA, N. M. C. Gestão do uso público em Unidade de Conservação: a visitação no Parque Nacional da Tijuca - RJ. **Revista Brasileira de Ecoturismo**, São Paulo, v. 2, n. 3, p. 273-294, 2009.

MARONE, E.; SOARES, M. L. G; CREED, J. C.; ZALMOM, I. R.; VILLAÇA, R. C.; CHAVES, L. C. T.; RÊGO, P. J. A. 2009. Ecossistemas marinhos. In: BERGALLO, H. G.; ROCHA. C. F. D.; ALVES M. A. S.; SLUYS, M. V. 2009. **Estratégias e ações de conservação da biodiversidade no Estado do Rio de Janeiro**. Rio de Janeiro: Instituto Biomas, 2009. 344 p.

MAROTI, P. S. **Educação e interpretação ambiental junto à comunidade do entorno de uma unidade de conservação**. 2002. 145f. Tese (Doutorado em Ecologia e Recursos Naturais) - Centro de Ciências Biológicas e Saúde, Universidade Federal de São Carlos, São Carlos, 2002.

MCNEELY, J. A. Cities and protected areas: an oxymoron or a partnership? In: IUCN. **Cities and protected areas (Protected Areas Program)**, Switzerland, v. 11, n. 3, p. 52, 2001.

MEDEIROS, R. A política de criação de áreas protegidas no Brasil: evolução, contradições e conflitos. **Anais do IV Congresso Brasileiro de Unidades de Evolução das tipologias e categorias de áreas protegidas no Brasil.** v. 1. Curitiba: Fundação O Boticário de Proteção à Natureza & Rede Nacional Pró-Unidades de Conservação, 2004.

MEDEIROS, R. Evolução das tipologias de áreas protegidas no Brasil. **Ambiente & Sociedade**, v. IX, n. 1, 2006.

MEDEIROS, R.; YOUNG, C.E.F.; PAVESE, H. B.; ARAÚJO, F. F. S. **Contribuição das unidades de conservação brasileiras para a economia nacional**. Sumário Executivo. Brasília, UNEP-WCMC, 44 p. 2011.

MELAZO, G. C.; COLASANTI, M. T. M. Parques urbanos: importantes espaços verdes na dinâmica ambiental das cidades. In: Simpósio Regional de Geografia: perspectivas para o cerrado no século XXI, Uberlândia, 2003. **Anais...** Uberlândia: Universidade Federal de Uberlândia - UFU, p. 1-15, 2003.

MELLO, E. F. Geoturismo. **O Parque Estadual da Pedra Branca: ordenamento do território com vistas ao geoturismo e ecoturismo**. Relatório Final, p. 180, 2005.

MENEZES, P. C.; MENDES, L. O. T. The mission of protected areas in Brazil. In: IUCN. **Cities and protected areas (Protected Areas Program)**, Switzerland, v. 11, n. 3, p. 52, 2001.

MERCADANTE, M. Avanços na implementação do SNUC e desafios para o futuro. In: NUNES, M. L.; TAKAHASHI, L. Y.; THEULEN, V. (Orgs.) **Unidades de conservação: atualidades e tendências 2007**. Curitiba: FBPN, 2007. p. 49-53.

MILLER, G. A.; **Monitoreo.** In: Parques en peligro: taller sobre manejo de areas protegidas en Sur America. Ecuador: The Nature Conservancy, p. 118-121, 1992.

MINISTÉRIO DO MEIO AMBIENTE (MMA). **Avaliação e identificação de áreas e ações prioritárias para a conservação, utilização sustentável e repartição dos benefícios da biodiversidade nos biomas brasileiros.** Brasília: MMA/SBF, p. 404, 2002.

MINISTÉRIO DO MEIO AMBIENTE (MMA). **Diagnóstico da visitação em Parques nacionais e estaduais.** Secretaria de Biodiversidade e Florestas. Diretoria do Programa Nacional de Áreas Protegidas. Brasília, s/d.

MINISTÉRIO DO MEIO AMBIENTE (MMA). **Diretrizes para a visitação em Unidades de Conservação**. Ministério do Meio Ambiente. Secretaria de Biodiversidade e Florestas. Diretoria de Áreas Protegidas. Brasília, 2006.

MINISTÉRIO DO MEIO AMBIENTE (MMA). Plano de Manejo do Parque Nacional da Tijuca. Instituto Chico Mendes de Conservação da Biodiversidade, Brasília, 2008.

MITTERMEIER, R. A.; GIL, R. P.; HOFFMAN, M.; PILGRIM, J.; BROOKS, T.; MITTERMEIER, C. G.; LAMOREUX, J.; FONSECA, G. A. B. **Hotspots revisited: earth's biologically richest and most endangered terrestrial ecoregions.** 2. ed. Boston: University of Chicago Press, 2005.

MONTEZUMA, R. C. M.; OLIVEIRA, R. R. P. **Os ecossistemas da baixada de Jacarepaguá.** In: Protocolo do Rio. Estudos e Pesquisas. Seminário Rio Próximos 100 anos. Disponível em: <http://www.rio.rj.gov.br/ipp/>. Acesso em: ago. 2011.

MOTA, M. S. C. **Nas terras de Guaratiba - uma aproximação histórico--jurídica às definições de posse e propriedade da terra no Brasil entre os séculos XVI-XIX.** 2009. 334 p. Tese (Doutorado) - Programa de Pós-Graduação de Ciências Sociais em Desenvolvimento, Agricultura e Sociedade da Universidade Federal Rural do Rio de Janeiro, Rio de Janeiro, 2009.

MYERS, N.; MITTERMEIER, R. A.; MITTERMEIER, C. G.; FONSECA, G. A. B.; KENTS, J. Biodiversity hotspots for conservation priorities. **Nature,** n. 403, p. 853-858, 2000.

NAKAGAWA, C. T. Reflexos sociais e impactos territoriais: tipologia e espacialização dos equipamentos de cultura e lazer. Dissertação (Mestrado) - Faculdade de Arquitetura e Urbanismo da Universidade de São Paulo, São Paulo, 2011.

NASCIMENTO, D. A. Oferendas afro-religiosas e educação ambiental na Amazônia. **Revista Educação Ambiental em Ação**, n. 27, mar. 2009.

NEVES, L. M., PEREIRA, H. H., COSTA, M. R., ARAUJO, F. G. Uso do manguezal de Guaratiba, Baía de Sepetiba, Rio de Janeiro, pelo peixe--rei *Atherinella brasilliensis* (Quoy e Gaimard) (Atheriformes, Atherinopsidae). **Revista Brasileira de Zoologia,** Curitiba, v. 23, n. 2, p. 421-428, 2006.

NOWAK, D. J., WALTON, J. T., 2005. Projected urban growth (2000-2050) and its estimated impact on the US forest resource. **Journal of Forestry**, v. 103, p. 383-389.

PAGLIA, A. P.; FERNANDEZ, F. A. S; DE MARCO, P. Efeitos da fragmentação de habitats: quantas espécies, quantas populações, quantos indivíduos, e serão eles suficientes? In: ROCHA, C. F. D. et al. (Orgs.). **Biologia da Conservação: essências**. São Carlos: Rima, 2006. p 281-316.

PARDINI, R. Effects of forest fragmentation on small mammals in an Atlantic forest landscape. **Biodiversity and Conservation**, v. 13, n. 13, p. 2567-2586, 2004.

PEIXOTO, S.; IRVING, M. A.; PRATES, A. P. L.; FERREIRA, I. Parque Urbano da Paz: a construção de um novo conceito no Parque Nacional da Tijuca. **Revista de Desenvolvimento Econômico**, Bahia, ano VII, n. 11, p. 24-29, 2005.

PEIXOTO, S.; IRVING, M.A.; CAMPHORA, A. L. Reflexões sobre a gestão de áreas protegidas em cenários de violência urbana no contexto do Parque Nacional da Tijuca, Rio de Janeiro. **Anais do V ENANPPAS - Encontro da Associação Nacional de Pesquisa e Pós-Graduação em Ambiente e Sociedade.** Brasília, DF. 2008.

PELLIN, A.; CARVALHO, G.; REIS, J. C.; PELLIN, A. Gestão do uso público em unidades de conservação urbanas: o caso do Parque Estadual da Pedra Branca (RJ). **Revista Brasileira de Ecoturismo**, São Paulo, v. 7, n. 2, p. 344-373, 2014.

PEREIRA, E.; PENNA, I. A. *Neoregelia camorimiana.* **Boletim do Museu de Botânica do Município de Curitiba**, 62: 2. 1985.

PEZUTTI, J. C. B. Manejo da caça e conservação da fauna silvestre com participação comunitária. **Paper do NAEA (Núcleo de Estudos Amazônicos) da Universidade Federal do Pará (UFPA).** Junho 2009.

PINHEIRO, M. R. (Org). **Recomendações para reconhecimento e implementação de mosaicos de áreas protegidas.** Brasília, GTZ, 2010.

PITT, B.; BOULLE, T. **Growing together**: thinking and practice of urban nature conservators, SANBI Cape Flats Nature, Cape Town, 2010. p. 156.

PREFEITURA DE SÃO PAULO. Plano de Manejo do Parque Natural Municipal Fazenda do Carmo. Secretaria do Verde e do Meio Ambiente. Pellin, A.; Silva, G. D. (Coord.) Instituto de Pesquisas Ecológicas (IPÊ). 2014.

PREFEITURA DO RIO DE JANEIRO. Plano Estratégico da Prefeitura do Rio de Janeiro 2009-2012. Rio Capital do Turismo, 2009. p. 99.

PRIETO, E. C. O Estatuto da Cidade e o Meio Ambiente. IV Congresso Brasileiro de Direito Urbanístico. São Paulo. 2006. Instituto Brasileiro de Direito Urbanístico. Disponível em: <http://www.ibdu.com.br/imagens/OEstatutodaCidadeeoMeioAmbiente>. Acesso em: 1 ago. 2014.

REDFORD, K. H. The empty forest. **Bio Science**, v. 42, n. 6, p. 412-422, 1992.

RÊGO, J. Territórios do candomblé: a desterritorialização dos terreiros na Região Metropolitana de Salvador, Bahia. **GeoTextos**, v. 2, n. 2, p. 31-85, 2006.

REIS, J. C.; LIMA, F. B. Percepções locais sobre um parque natural municipal paulista inserido no contexto urbano: contribuições para o planejamento do uso público. In: II Simpósio Nacional de Áreas Protegidas, Viçosa, UFV, v. 2, p. 431-441, 2012.

REUNIÃO DE ANTROPOLOGIA DO MERCOSUL, VIII, 2009, Buenos Aires. **Intolerância Religiosa.** In: Anais da VIII Reunião de Antropologia do Mercosul. Buenos Aires, 1-15, 2009. Disponível em: <http://www.ram2009.unsam.edu.ar/GT/GT%2056%20-%20Religiones%20en%20Transformaci%C3%B3n%20en%20las%20Ciudades%20Latinoamericanas/GT%2056-%20Ponencia%20%5BBarbosa%5D.pdf>. Acesso em: ago. 2010.

RIBAS, O. Projeto de Desenvolvimento Integrado de Áreas Urbanas Carentes no Estado da Bahia - Projeto Dias Melhores / BIRD (AE 7344-BR): Relatório de avaliação ambiental. Salvador: Governo do Estado da Bahia; SEDUR; CONDER, fev. 2010.

RIO DE JANEIRO. **Manguezais do Rio de Janeiro**. Rio de Janeiro: Secretaria Municipal de Meio Ambiente, 2000. 94 p.

ROCHA, C. F. D.; BERGALLO, H. G.; ALVES, M. A. S.; VAN SLUYS, M. **A biodiversidade nos grandes remanescentes florestais do Estado do Rio de Janeiro e nas restingas da Mata Atlântica.** São Carlos: Rima, 2003. 160 p.

ROCHA, L. M. Unidades de conservação e organizações não governamentais em parceria: programa de educação ambiental. In: PADUA, S. M.; TABANEZ, M. F. (Orgs). **Educação ambiental:** caminhos trilhados no Brasil. São Paulo: IPÊ, 1997. p. 237-245.

ROWCLIFFE, J. M., COWLISHAW, G.; LONG, J. A model of human hunting impacts in multiprey communities. **Journal Appl. Ecol.**, v. 40, n. 5, p. 872-889, 2003.

RYLANDS, A. B & BRANDON, K. Brazilian protected areas. **Conservation Biology**, v. 19, n. 3, p. 612-618, 2005.

SALVADOR. **Plano Municipal de Habitação de Salvador 2008-2025**. Secretaria Municipal de Habitação - SEHAB. Salvador, 2008.

SANTOS, J. L. C.; BONFIM, O. **Mapeamento das ocorrências registradas, por bairro, em Salvador-BA, entre Jan/2005 e Abr/2009 e demandas habitacionais de interesse social**. Disponível em: <http://www.ppgau.ufba.br/urba11/ST1_MAPEAMENTO_DAS_OCORRENCIAS_REGISTRADAS.pdf>. Acesso em: 10 set. 2012.

SÃO PAULO (Estado). Secretaria do Meio Ambiente. Fundação Florestal. Oliveira, L. R. N. (Org). **Cadernos de Educação Ambiental - Unidades de Conservação da Natureza**. São Paulo: SMA, 2009. 104 p.

SÃO PAULO (prefeitura). Parque Municipal do Carmo – Olavo Egydio Setúbal. Disponível em: <http://www.prefeitura.sp.gov.br/cidade/secretarias/meio_ambiente/parques/regiao_leste/index.php?p=5734>. Acesso em: 24 fev. 2015.

SÃO PAULO TURISMO. Indicadores e Pesquisas do Turismo da Cidade de São Paulo. São Paulo: São Paulo Turismo, 2008.

SATHLER, E. B. **Os "espaços de incerteza", a "desterritorialização subjetiva" e o "pacto da conservação"**: perspectivas de uma geografia socioambiental das áreas naturais protegidas. Tese (Doutorado) – Universidade Federal Fluminense, Rio de Janeiro, 2010.

SATHLER, E. B. Síntese fundiária do Parque Estadual da Pedra Branca – PEPB. In: MENDES, C. P. A.; BANDEIRA, F. C. S. (Coords.). **Ciência para Gestão ou Gestão para a Ciência? I Encontro Científico: Parque Estadual da Pedra Branca**. Rio de Janeiro: INEA, 2009. p. 10-16.

SCARDUA, F. P. Práticas brasileiras na elaboração de planos de manejo. In: ORTH, D.; DEBETIR, E. (Orgs.). **Unidades de Conservação: gestão e conflitos**. Florianópolis: Insular, 2007. p. 89-110.

SCHAEFFER-NOVELLI, Y. **Ecossistema manguezal e suas comunidades**. Curso de Difusão Cultural, Departamento de Ecologia – USP. 1991.

SCHAEFFER-NOVELLI, Y. **Manguezal:** ecossistema entre a terra e o mar. São Paulo: Caribbean Ecological Research, 1995. 64 p.

SECRETARIA DO MEIO AMBIENTE DE SÃO PAULO (SMA). **Regularização fundiária em Unidades de Conservação: as experiências dos Estados de São Paulo, Minas Gerais e Rio de Janeiro.** In: HONORA, A. C. C; CASTRO, C. A. M.; BARCELLOS, L. M. (Orgs.). Secretaria de Estado do Meio Ambiente, Fundação para a Conservação e a Produção Florestal do Estado de São Paulo. São Paulo: IMESP, 2009. p. 168.

SECRETARIA MUNICIPAL DO VERDE E DO MEIO AMBIENTE; INSTITUTO DE PESQUISAS TECNOLÓGICAS DO ESTADO DE SÃO PAULO. GEO cidade de São Paulo: panorama do meio ambiente urbano. Disponível em: <http://ww2.prefeitura.sp.gov.br//arquivos/secretarias/meio_ambiente/projetos_acoes/0004/capitulo8.pdf>. Acesso em: 5 nov. 2012.

SECRETARIADO DA CONVENÇÃO SOBRE DIVERSIDADE BIOLÓGICA. Panorama da biodiversidade nas cidades: avaliação global entre as conexões da urbanização, biodiversidade e os serviços ecossistêmicos. Montreal, 2012. 64 p.

SEMEIA. Além da conservação e do impacto econômico. Biblioteca Semeia, 6 p. jun. 2014.

SEMEIA. Unidades de Conservação no Brasil: a contribuição do uso público para o desenvolvimento socioeconômico. Série Diagnóstico Brasil, 01. Instituto Semeia, São Paulo, 2014. 53 p.

SERPA, A. Ponto Convergente de Utopias e Culturas: o Parque São Bartolomeu. In: FORMIGLI, A. L. M. (Ed.). **História, Natureza e Cultura - Parque Metropolitano de Pirajá.** Salvador: Centro de Educação Ambiental São Bartolomeu / Editora do Parque, 1998. p. 67-79.

SERRA, O. Monumentos negros: uma experiência. **Afro-Ásia**, p. 169-205, 2006.

SHORT, K.; PETREN, K. Rapid species displacement during the invasion of Florida by the tropical house gecko *Hemidactylus mabouia*. **Biological Invasions**, v. 14, n. 6, p. 1177-1186, 2012.

SILVA NETO, R. F. Zona de borda, zona de amortecimento e área circundante. **Revista Jus Navigandi**, Teresina, ano 17, n. 3.368, 20 set. 2012. Disponível em: <http://jus.com.br/artigos/22645>. Acesso em: 20 jun. 2015.

SILVEIRA, G. A. F.; REVORÊDO, L. O.; BEZERRA, J. P.; CARVALHO, A. K. S.; ARAÚJO, J. D. P.; COSTA JR., F. A.; SILVA, D. M. R.; CASTRO, C. S. S. **Dinâmica populacional do sagui (*Callithrix jacchus*) em uma área de floresta atlântica no Nordeste brasileiro**. In: VIII Congresso de Ecologia do Brasil, 2007, Caxambu-MG. Anais do VIII Congresso de Ecologia do Brasil, 2007.

SMA - SECRETARIA DO MEIO AMBIENTE DE SÃO PAULO (Estado). **Regularização fundiária em Unidades de Conservação: as experiências dos Estados de São Paulo, Minas Gerais e Rio de Janeiro.** In: HONORA, A. C. C; CASTRO, C. A. M.; BARCELLOS, L. M. (Orgs.). Secretaria de Estado do Meio Ambiente, Fundação para a Conservação e a Produção Florestal do Estado de São Paulo. São Paulo: IMESP, 2009. 168 p.

SOARES, D. G. Entre a paz e a corrente: um estudo sobre as contradições, as tensões e os conflitos de moradores no Parque Estadual da Pedra Branca. In: MENDES, C. P. A.; BANDEIRA, F. C. S. (Coords.). **Ciência para Gestão ou Gestão para a Ciência? I Encontro Científico: Parque Estadual da Pedra Branca**. Rio de Janeiro: INEA, 2009. p. 110-115.

SOARES, D. G. **Parque Estadual da Pedra Branca e Comunidade Monte da Paz:** tensões e conflitos para os moradores de uma área protegida. Dissertação de Mestrado. Rio de Janeiro: UERJ, 2004.

SOARES, M. L. G. **Estudo da biomassa aérea de manguezais do sudeste do Brasil.** Análise de modelos. Tese (Doutorado) - Instituto Oceanográfico da Universidade de São Paulo, São Paulo, 1997.

SOARES, M. L. G. **Impacto das mudanças globais sobre os manguezais do município do Rio de Janeiro.** In: Protocolo do Rio | Estudos e Pesquisas: Seminário Rio Próximos 100 anos. Instituto Pereira Passos, 2008.

SOARES, M. L. G.; ALMEIDA, P. M. M.; CAVALCANTI, V. F.; ESTRADA, G. C. D.; SANTOS, D. M. C. Vulnerabilidade dos manguezais da região metropolitana do Rio de Janeiro face às mudanças climáticas. In: Megacidades, Vulnerabilidades e Mudanças Climáticas: Região Metropolitana do Rio de Janeiro. Laboratório de Gestão do Território, Rio de Janeiro, 2011. p. 258-289.

SOARES, M. L. G.; ALMEIDA, P. M. M.; CAVALCANTI, V. F.; ESTRADA, G. C. D.; SANTOS, D. M. C. **Vulnerabilidade dos manguezais da região metropolitana do Rio de Janeiro face às mudanças climáticas**. In: Megacidades, vulnerabilidades e mudanças climáticas: Região Metropolitana do Rio de Janeiro. Laboratório de Gestão do Território, Rio de Janeiro, 2011. p. 258-289.

SOBREIRA, R. F. F.; MACHADO, C. J. S. Práticas religiosas afro-brasileiras, marco regulatório e uso do meio ambiente e do espaço urbano da cidade do Rio de Janeiro. **Revista Visões**, v. 1, n. 5, jul./dez. 2008.

SOUZA, P. C. A. Funções sociais e ambientais de parque urbano instituído como Unidade de Conservação: percepção dos usuários do Parque Natural Municipal do Barigui, Curitiba, Paraná. Dissertação. Centro de Ciências Exatas e de Tecnologia - Pontifícia Universidade Católica do Paraná. Curitiba, 2010.

TARIFA, J. R.; ARMANI, G. Os climas "naturais". In: TARIFA, J. R.; AZEVEDO, T. R. (Orgs.). Os climas na cidade de São Paulo: teoria e prática. São Paulo: Pró-Reitoria de Cultura e Extensão. Universidade de São Paulo: Laboratório de Climatologia. Faculdade de Filosofia, Letras e Ciências Humanas. Universidade de São Paulo, Cap. 2. p. 34-46. (GEOUSP - Coleção Novos Caminhos, 4). 2001.

TERBORGH, J.; SCHAIK, C. V. Por que o mundo necessita de parques? In: **Tornando os parques eficientes:** estratégias para conservação da natureza nos trópicos. Curitiba: Universidade Federal do Paraná, 2002. p. 25-36.

TRINDADE, O. J. S.; BANDEIRA, F. B.; RÊGO, J. C.; SOBRINHO, J. L.; PACHECO, L. M.; BARRETO, M. M. Farmácia e cosmologia: a etnobotânica do candomblé na Bahia. **Etnoecológica**, v. 4, n. 6, p. 11-32, 2000.

TRZYNA, T. (Ed.). Urban protected areas: profiles and best practice guidelines. Best Practice Protected Area Guidelines Series No. 22, Gland, Switzerland: IUCN, 2014. 110 p.

TRZYNA, T. (Ed.). **The Urban Imperative**. California Institute of Public Affairs, Sacramento, California, 2005. 168 p.

TRZYNA, T. Global urbanization and protected areas: California Institute of Public Affairs. Sacramento, California, 2007. 52 p.

UNFPA. 2007. État de la population mondiale: libérer le potentiel de la croissance urbaine. New York. Disponível em: <www.unfpa.org>. Página da web do Programa das Nações Unidas.

VASCONCELLOS, J. M. O. **Educação e interpretação ambiental em unidades de conservação. Cadernos de Conservação.** Fundação O Boticário de Proteção à Natureza, ano 3, n. 4, 2006.

VIANA, M. B. **A contribuição parlamentar para a política florestal no Brasil.** Brasília: Câmara dos Deputados, 2004. 34 p.

MATRIX